北美油气区块出让规划

自然资源部油气资源战略研究中心 编著

石油工业出版社

内 容 提 要

本书从区块来源、资源来源、社会公众意见征集、规划方法和规划制定流程等方面介绍了北美国家油气区块出让规划及对比分析,并对我国油气区块出让规划提出了相关参考建议。

本书可供从事矿业权管理、研究以及对海外油气投资感兴趣的读者参考阅读。

图书在版编目(CIP)数据

北美油气区块出让规划/自然资源部油气资源战略研究中心编著. -- 北京:石油工业出版社,2019.9
ISBN 978-7-5183-3496-4

Ⅰ.①北… Ⅱ.①自… Ⅲ.①油气资源–石油竞争–经济规划–北美洲 Ⅳ.①F471.062

中国版本图书馆 CIP 数据核字 (2019) 第 143030 号

出版发行:石油工业出版社
(北京安定门外安华里 2 区 1 号 100011)
网　　址:www.petropub.com
编辑部:(010)64523541　图书营销中心:(010)64523633
经　　销:全国新华书店
印　　刷:北京中石油彩色印刷有限责任公司

2019 年 9 月第 1 版　2019 年 9 月第 1 次印刷
787×1092 毫米　开本:1/16　印张:12.5
字数:165 千字

定价:98.00 元
(如出现印装质量问题,我社图书营销中心负责调换)
版权所有,翻印必究

前　言

PREFACE

　　制定油气区块出让规划是开展油气矿业权出让的工作基础，是有序推进矿业权竞争出让的重要指引。科学、合理的油气区块出让规划应体现本国资源基础、勘探开发市场环境，涵盖区块潜力和价值评估、区块出让程序和时间表、评标原则、配套财税体系、生态环境影响评估以及后续监管体系等多项关键内容，并通过完善的组织实施体系和保障措施实现规划目标。

　　目前，美国、加拿大、墨西哥北美三国均已建立了油气区块出让规划体系。美国和加拿大政府油气区块出让规划工作已开展多年，相关法规体系完善、稳定，经历了市场的检验；墨西哥能源改革刚起步但执行力度大，已出台5年油气勘探开发出让规划并及时更新。

　　美国联邦政府规划出让的油气矿业权主要来自近海外大陆架和陆上联邦政府所属土地范围内的油气区块。近海外大陆架油气资源丰富、矿业权面积连续且具有重要战略意义，为此联邦政府专门制定了针对海域油气区块出让的《近海外大陆架油气租赁五年规划》，明确了未来五年拟对外出让的全部油气矿业权区域、区块大小和计划出让时间等信息。该规划历经发布信息征集公告、规划草案、调整方案、国会批准以及公布最终方案等多个阶段，充分考量并权衡油气市场环境、国内能源供给、消费情况以及拟出让的油气区块在开发过程中产生的收益和环境风险等因素。美国联邦陆上油气区块出让规划主要体现在土地资源管理规划中，主要是标示出不能用于油气矿业权出让的区域。陆上油气区块出让规划侧重对不同出让备选方案给未来油气资源勘探开发活动带来的影响进行预估，最终优选出最佳方案。该规划定位并未局限于油气资源，而是通过统筹确保国有土地利用和资源保护之间的最佳平衡，为政府合理有序组织陆上油气区块出让奠定了基础。

加拿大陆上油气资源主要由各省政府持有，阿尔伯塔省是加拿大油气资源最富集的省份，该省油气区块出让相关规划主要是土地利用框架下的区域规划，明确了各规划区域内可用于油气出让及作业的范围，旨在确保资源的可持续开发和环境保护。出让组织严格执行每两周一次的固定时间表，并配以完善、电子化的区块提名和出让操作系统，使政府油气区块出让工作有序高效开展。

2015年，墨西哥能源改革后的第一版区块出让规划《2015—2019年油气勘探和开采招标五年计划》出台。随着第一轮招标工作的逐步开展，能源部及时总结实践经验，于2017年更新了该规划，肯定了规划对前期出让工作的指导，并根据已完成的勘探开发工作调整了部分资源量数据，公布了深水、浅水、陆上常规和非常规四类区块在各主要盆地的出让数量及面积等信息，并明确相关时间安排。

本书包含五章，第一章、第二章、第三章分别介绍了美国、加拿大和墨西哥的油气区块出让规划，包括区块来源、资源条件、社会公众意见征集、规划方法和规划制定流程等；第四章对北美三国的油气区块出让规划进行了系统的对比分析；第五章结合中国油气区块竞争性出让工作，从规划原则、规划核心内容、组织管理和保障措施四个方面，对中国油气区块出让规划提出了相关参考建议。

本书主要编写人有高阳、周静、申延平、朱九成、罗玲、刘玮、郭继刚、张培凤、乔阳、王硕、任思达、郝江帆、阎玉萍、梅丹、Mubeshar Houssian Shah、黄书君、王倩、田世存和查锋等。孟刚、刘丽君、冯志刚、韩志强、叶晗、吴家萍、刘海霞、黄梦洋等为本书的编写提供了帮助。自然资源部油气资源战略研究中心谢承祥、赵先良、吴裕根、杨虎林给予了指导。曾兴球、黄玉珍、葛艾继、纪发华、田建国等专家对本书提出了宝贵意见。北京泛亚尤尼伟油气技术服务有限公司也在相关研究过程中给予了大力支持，在此一并表示衷心感谢。

因笔者学识有限，书中错误和不当之处在所难免，恳请广大读者批评、指正。

目 录
CONTENTS

第1章 美国政府油气区块出让规划 1

  1.1 美国政府油气区块出让概况 1

  1.2 美国政府油气区块出让规划方法和制定流程 20

  1.3 公众参与美国政府油气区块出让规划的途径和效果 53

  1.4 美国政府油气区块出让规划实施效果 73

第2章 加拿大政府油气区块出让规划 83

  2.1 加拿大政府油气区块出让概况 83

  2.2 加拿大政府油气区块出让规划方法及制定流程 94

  2.3 公众参与加拿大政府油气区块出让规划的途径和效果 116

  2.4 加拿大政府油气区块出让规划实施效果 124

第3章 墨西哥政府油气区块出让规划 129

  3.1 墨西哥政府油气区块出让概况 129

  3.2 墨西哥政府油气区块出让规划方法和制定流程 139

  3.3 公众参与墨西哥政府油气区块出让规划的方式和效果 158

  3.4 墨西哥政府油气区块出让规划实施效果 166

第4章 北美三国油气区块出让规划环境协同和差异性分析 175

第5章 北美油气区块出让规划研究对中国的参考建议 179
  5.1 规划原则 179
  5.2 规划核心内容 181
  5.3 组织管理 183
  5.4 规划制定和实施相关保障措施 184

参考文献 186

第 1 章　美国政府油气区块出让规划

1.1　美国政府油气区块出让概况

1.1.1　美国油气工业总体概况

美国作为现代石油工业的发源地、全球重要的油气生产国、最大的油气消费国，对全球油气工业的发展、油气政策体系的演变具有十分重要的影响。其活跃的油气区块出让市场建立于该国丰富的油气资源基础之上。

作为世界上最大的石油消费国，美国石油消费量占世界石油总消费量的20%。而近年来，随着美国页岩油气革命的成功，油气勘探开发技术的不断进步，不但改变了其原油消费的对外依存度，还导致短期内国际油气市场格局发生了重大变化。

根据《BP世界能源统计年鉴（2017版）》数据，截至2016年底，美国石油产量（包括原油、页岩油、油砂和天然气液）为 1235.4×10^4 bbl/d，占世界当年平均日产量的13.4%，已成为与沙特阿拉伯并肩的世界最大石油生产国；而2016年美国石油消费量约 1963.1×10^4 bbl/d，石油进口依存度已不足40%。目前美国已经成为世界最大的天然气生产国，其2016年的天然气年产量已达到 $7492 \times 10^8 m^3$，占世界总天然气年产量的21.1%[1]。

美国石油和天然气产量增长的主要动力来源于7个主要含油气盆地产量的上升，其中，2011—2014年石油和天然气产量增长的92%来自上述区域[2]，而这7个主要油气产量增长区域全部位于美国陆上本土 48 州内，分布详见图 1.1。随着勘探开发技术的进步，美国石油和天然气已探明剩余可采储量获得突破。据美国能源信息署统计，截至 2015 年底，美国已探明石油剩余可采储量 352×10^8 bbl，已探明天然气剩余可采储量 324.3×10^{12} ft^3（约 9.18×10^{12} m^3）[3]。虽然由于当前处于国际油价低谷期，美国原油和天然气已探明剩余可采储量较 2014 年底的数据有所降低，但从历史角度看，当前美国原油和天然气已探明剩余可采储量均处于近 50 年的储量数值相对高位，如图 1.2 所示。

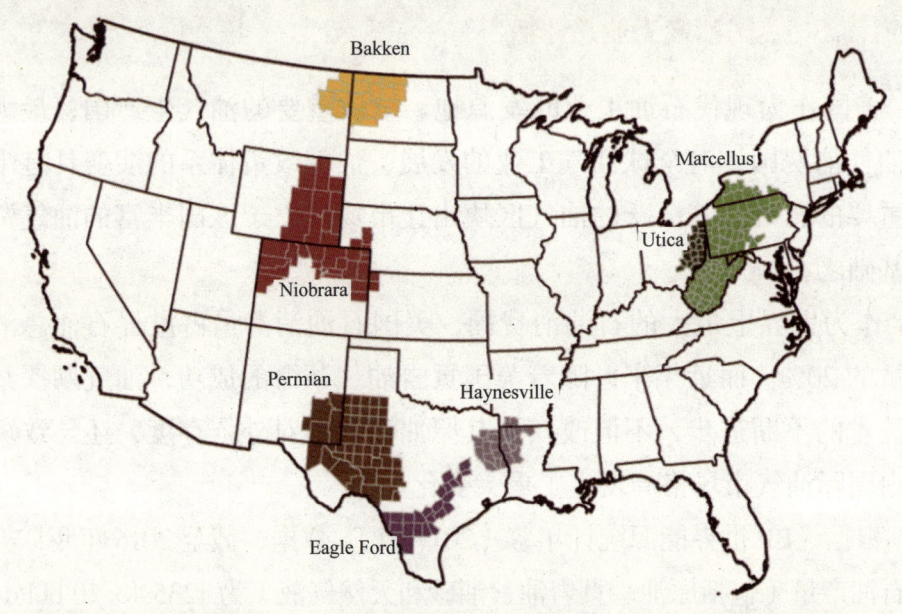

图 1.1　美国 2011—2014 年油气产量增长的 7 个主要含油气盆地[2]

美国油气资源丰富，共有阿拉斯加、加利福尼亚、落基山、西得克萨斯和新墨西哥州东南部、墨西哥湾、中部、西部、东部、阿巴拉契亚和大西洋沿岸及沿海等 10 个油气区，但油气资源分布不均匀。全美境内 50 个州中有 34 个州不同程度地蕴藏油气资源，而在区域构造上，油气资源则主要富集在墨西哥湾沿岸坳陷、中央地台南部及加利福尼亚沿岸的盆地中，如图 1.3 和图 1.4 所示。

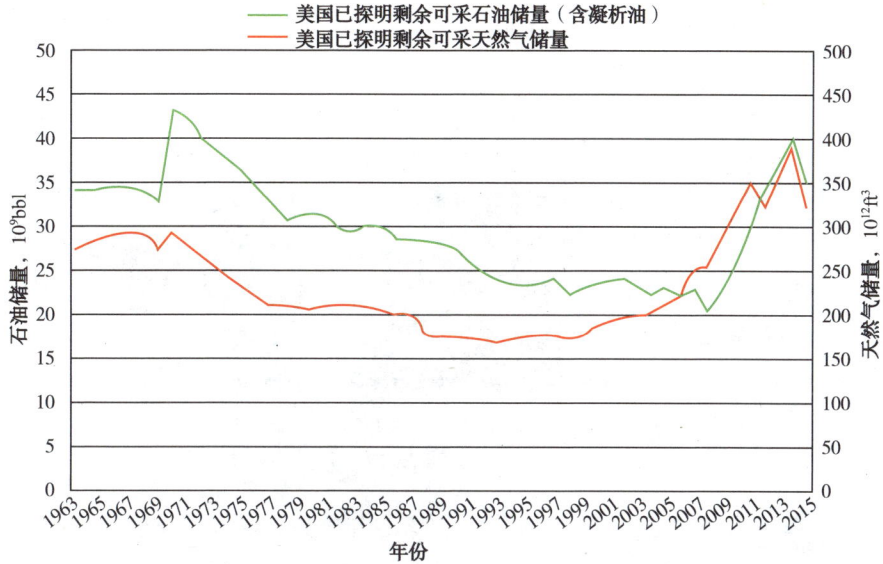

图1.2 美国石油和天然气已探明剩余可采储量变化情况

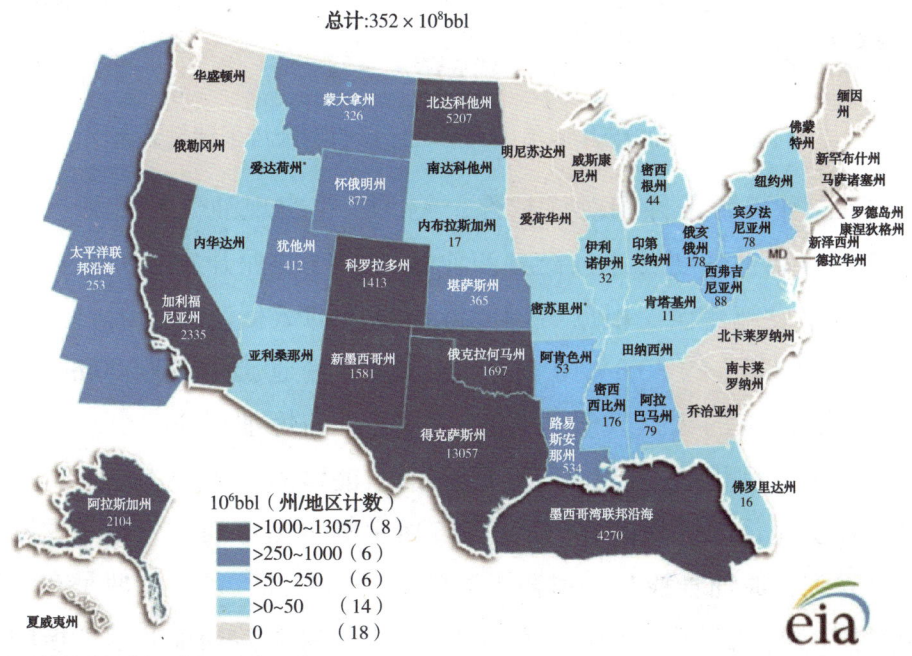

*为避免披露个别公司数据而保留的数据。
来源:美国能源信息署,表EIA-23L,国内油气储量年度报告

图1.3 截至2015年底美国石油(含凝析油)已探明剩余可采储量分布[3]

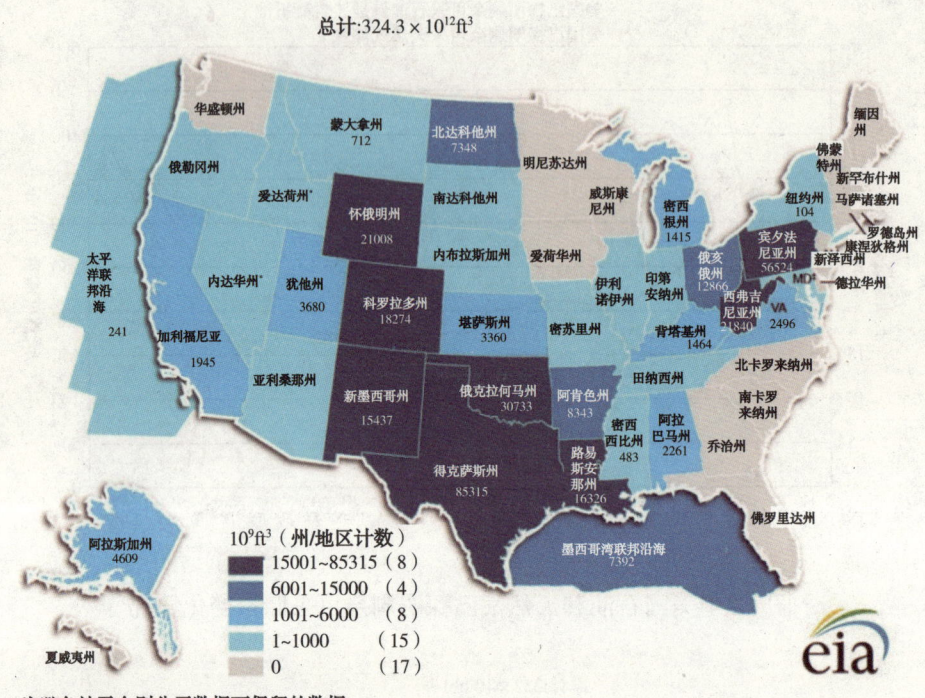

图 1.4　截至 2015 年底美国天然气已探明剩余可采储量分布[3]

除自身资源条件相对优越外，美国能够实现油气储量和产量的突破还得益于高度发达且充分商业化的油气勘探开发服务市场和良好的基础设施建设。根据美国能源信息署的数据，美国国内具有至少 190000mile（约 30.6×10^4 km）的原油运输管道和 300000mile（约 48.3×10^4 km）的天然气管道设施；可运行的炼油厂 140 个，平均每天可提供的炼化能力高达 1823×10^4 bbl，能够为本土产出原油和进口原油提供充足的炼化能力。从图 1.5 所示的美国炼油厂分布示意图中可以看到，原油管线几乎覆盖了美国所有的产油气区，即使是在环境相对比较恶劣的阿拉斯加地区，仍有一条贯穿阿拉斯加北部斜坡的原油管线，将该冰冻地带产出的原油运往南部主要的油气运输终端——Valdez 港口；原油管道沿线分布有多个原油炼化厂（有关天然气管线分布详情可参看美国能源信息署官方网站 https://www.eia.gov/state/maps.php?v=Petroleum）。丰富的油气资源，开放的油气管道和炼油等基础设施，大大小小上万家投资油气勘探业务的公司、基金、机构，以及开放稳定的油气财税体系使得美国成为全球最大的油气勘探开发市场。投资最大、从业主体最多、油气当量产量最大，这些均为美国政府制定油气区块出让规划提供了十分有利的社会和行业环境。

图 1.5　美国原油管道和炼油厂分布

作为美国石油工业重要的信息发布渠道，美国能源信息署能够为世界范围内的原油生产商或相关用户提供最新、最全的全美石油行业信息，无论是美国境内还是境外的油气矿权区块投资者，都可以通过美国能源信息署的官方网站查询到相关的信息。美国的油气勘探开发服务完全市场化，从上游的勘探、钻井服务到下游的炼化、运输以及成品油销售均有大量的公司提供相关服务。以原油和天然气管道运营为例，油气公司可以在能源信息署官网查询到每一条原油或天然气管线的运营者及其基本的信息，并根据自身需要选择相应的管道服务。美国能源信息署掌握大量的美国甚至全球油气行业信息，并组织持续的跟踪和各项专题研究，为美国政府制定油气区块出让规划提供了丰富详实的基础数据。

此外，美国油气产量的迅速突破除受水平井分段压裂技术的革新和高度商业化的勘探开发服务市场等因素影响外，还同政府在油气矿权区块出让过程中的规划和管理、油气区块勘探开发过程中的有效监管以及为促进页岩油气勘探开发而制定实施的相关政策等密切相关。各级政府在油气区块出让以及勘探开发过程中的宏观规划指导政策同市场化运作的勘探开发市场相互协同，促进了美国油气工业的蓬勃发展，培育出了世界上最活跃的油气矿权区块交易市场。

1.1.2　美国政府出让规划油气区块来源概况

美国自然资源的所有权（含油气矿产所有权）与美国土地所有权密切相关，其土地所有权直接影响着自然资源的所有权。根据美国法律规定：地表所有者，无论是个人、企业、联邦政府、州/地方政府或印第安部落等，都具有与其所属地表土地相对应的石油、天然气、煤炭及其他矿产资源的所有权。理论上，美国政府（包括联邦政府和各州政府）出让的油气矿权区块均来自其各级政府所属的土地。

根据相关法律规定，美国陆上土地所有者主要分为以下四类：（1）美国公民和企业；（2）联邦政府；（3）州和地方政府；（4）印第安部落和印第安人个人。而美国海洋淹没的土地所有者只有两类：（1）联邦政府；（2）州政府。

美国联邦政府所属土地包括陆上由联邦政府所有或管辖的土地以及外大陆架土地。美国联邦政府所拥有和管辖的土地主要位于美国的西部，主要是通过战争割让、购买以及军事制裁等方式获得的土地。而美国联邦政府所拥有的海上土地主要为沿海岸线3mile（约4.828km）外的外大陆架范围，但是，墨西哥湾海域内联邦政府所属土地面积则是自得克萨斯州和西佛罗里达州海岸线约10.3mile（16.668km）开始计算。美国州和地方所属土地主要包括各州和地方政府所拥有的陆上土地和沿州海岸线 3mile（约 4.828km）范围内近海大陆架土地，同样得克萨斯州和西佛罗里达州政府所属的近海大陆架土地面积为沿海岸线约 10.3mile 范围内的土地。个人和企业所有的陆上土地被称为私人土地，印第安人所属土地简称为印第安土地。通常，印第安土地由联邦政府代为管理，而阿拉斯加地区的印第安土地则主要由 12 家阿拉斯加本土公司持有。

实际上，世界上大部分国家的矿权归国家政府所有，而美国的矿权私有制使其不同于世界上大部分国家和地区。美国自然资源的所有权现状主要是由历史原因造成的。19 世纪，美国联邦政府通过将大部分西部土地和资源转让给个人的方式来鼓励人民到西部定居，而后又在 20 世纪初开始通过立法收回西部公有土地和自然资源，被收回的土地和自然资源所有权由联邦政府持有。因此，美国自然资源和土地所有权除上述的地表和地下矿权所有权一致的情况外，还存在一些地表权利和地下矿权分离的情况，致使美国土地和矿产资源所有权十分复杂。而就政府而言，目前美国陆上约有 5700×10^4 acre（约 $23 \times 10^4 km^2$）范围内的地下油气资源由联邦政府所有，而地表由美国公民或企业所有。

综上所述，美国联邦政府规划出让的油气矿权区块主要来自美国联邦政府所属土地范围内的油气区块（含陆上联邦政府所属土地和近海外大陆架联邦政府所属土地），此外也包含部分地表所有权和地下矿权分离（主要指地下矿权由联邦政府保留的土地）的土地内油气区块。

根据美国国会研究服务部（Congressional Research Service）调查数据[4]，美国联邦政府所属陆上土地面积约 6.4×10^8 acre（约 $260 \times 10^4 km^2$），约占美国陆上国土总面积的 28%，大部分位于美国西部地区，如图 1.6 所示。陆上联邦政府所属土地主要由联邦土地管理局（Bureau of Land

Management)、鱼类和野生动物局（Fish and Wildlife Service）、国家公园管理局（National Park Service）、林业局（Forest Service）和国防部（Department of Defense）管理，各部门管理土地面积数据详见表1.1。联邦土地管理局由内政部长授权，负责管理所有陆上联邦政府机构所属土地面积内的矿产所有权以及部分地表由个人或企业所属而矿权由联邦政府保留的土地内矿产资源所有权——累计总矿权土地面积 7×10^8 acre（$283.28 \times 10^4 km^2$），并负责上述陆上矿权土地面积内油气区块的出让工作。联邦政府管理的海上油气矿权区块主要位于美国东西海岸、阿拉斯加沿海区域和墨西哥湾地区联邦政府所属的近海外大陆架土地范围内的油气矿权区块，累计总矿权土地面积约 17.13×10^8 acre（$693.2 \times 10^4 km^2$）。联邦政府所属的海上土地范围内的油气矿权由内政部下设的海洋能源管理局（Bureau of Ocean Energy Management，BOEM）负责出让和管理。

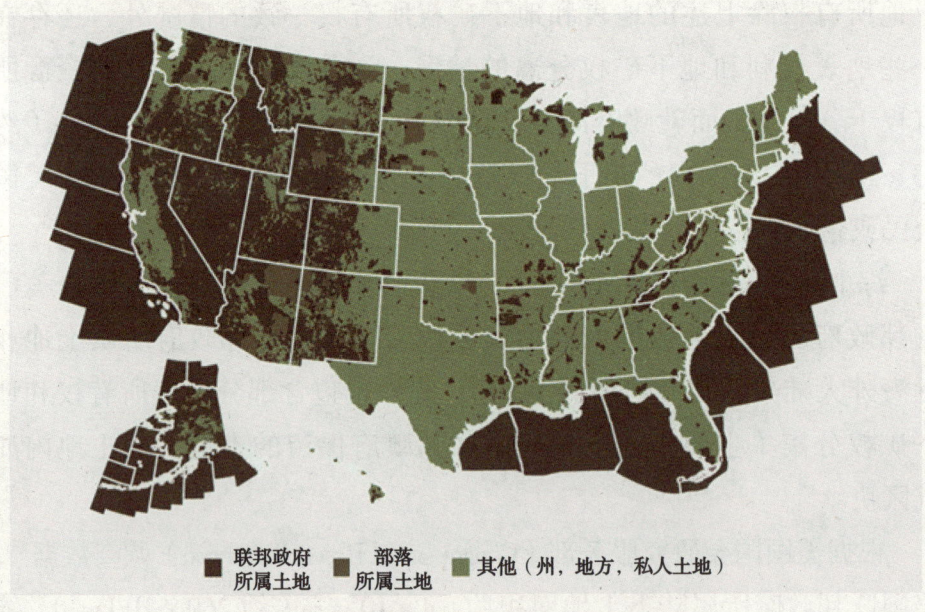

图 1.6 美国联邦政府所属土地示意图

表 1.1 美国联邦陆上土地主要管理机构所属土地面积情况

联邦政府机构	陆上土地面积	
	acre	km^2
土地管理局（BLM）	248345551	1005030
林业局（FS）	192893317	780620
鱼类和野生动物局（FWS）	89092711	360549
国家公园管理局（NPS）	79773772	322836
国防部（DOD）	11368434	46007

美国矿产资源所有权受控于土地所有权，因此，美国联邦政府对外公开出让的油气矿权区块全部来源于联邦政府所属矿权土地范围内，即陆上联邦政府所属西部大片矿权土地（$283.28 \times 10^4 km^2$）及近海外大陆架海域（$693.2 \times 10^4 km^2$）内油气矿权区块。

据联邦土地管理局统计，自1988—2016年底美国联邦政府累计出让陆上油气矿权区块面积已达到$1.45 \times 10^8 acre$（$58.87 \times 10^4 km^2$）[5]。截至2016年，美国陆上联邦政府所属的矿权土地约$2721 \times 10^4 acre$（$11 \times 10^4 km^2$）处于有效租期，各州目前处于有效租约期的矿权土地面积及其占本州全部联邦矿权土地面积百分比情况详见图1.7和图1.8[6]。

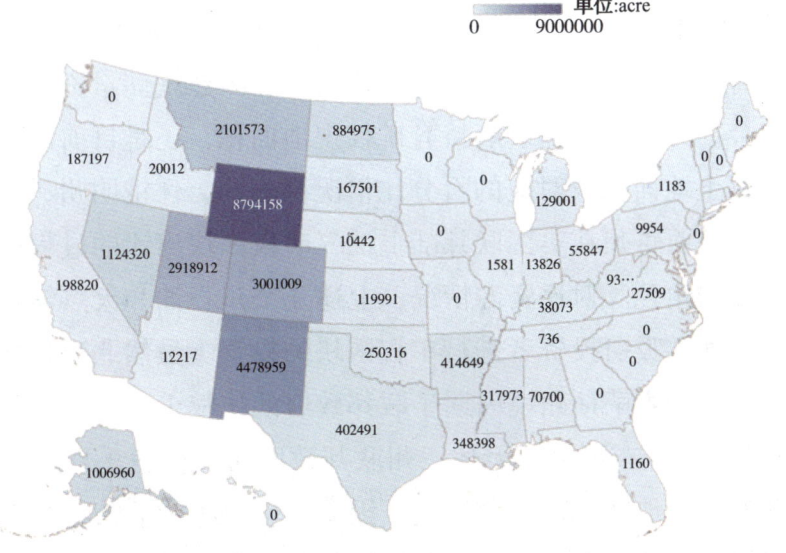

图 1.7 2016年底美国各州联邦政府所属土地有效矿权租约面积

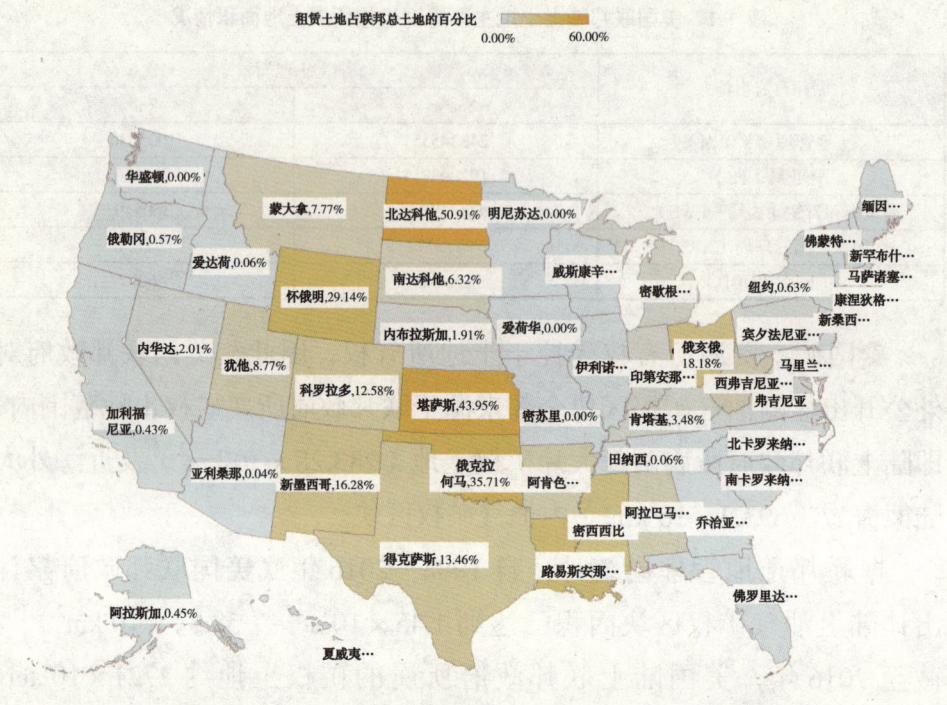

图1.8 2016年底美国各州处于有效租约期的土地占各州联邦政府总矿权土地面积百分比

对比图1.3、图1.4、图1.6和图1.8可见，目前，陆上油气矿权土地的有效租约面积比例分布同各州石油和天然气储量资源分布情况高度吻合。无论是联邦政府持有矿权土地面积，还是目前已经对外出让的矿权土地面积及对应的百分比情况都表明，怀俄明州、科罗拉多州以及新墨西哥州在美国联邦陆上油气矿权区块出让的过程中扮演了十分重要的角色。对比资源情况，上述几个州石油和天然气资源储量丰富，有利于吸引投资者进行矿权区块的投资。虽然北达科他州、俄克拉何马州和堪萨斯州境内属于联邦政府的矿权土地面积有限，但从图1.6的土地分布可见，上述三州联邦政府所属矿权土地大部分位于主要含油气盆地及其边缘范围内，因此，矿权租约活动相对频繁，目前处于有效租约期内土地的百分比也相对较高。虽然联邦政府在阿拉斯加州所拥有的矿权土地面积较大，且该州油气资源丰富，但从目前该州处于有效油气矿权租约期内的土地面积及其占联邦政府在该州所属土地比例来看，油气矿权土地出让程度相对较低。从侧面说明了政府对外出让的油气矿权区块对投资者的吸引力一方面受油气矿权区块所处区域的资源条件影响，一方面也受区块所在地的地理、自然以及油气勘探开发生产配套的服务设施等条件影响。例如，虽然阿拉斯加地区油气储量资源丰富，但该地区地处寒冷地带，且州内产出油气只能依靠南部Valdez港口对外输出，因此，随着近年来美国本土48州范围内大规模的页岩油气资源的发现以及油气勘探开发技术的不断革新，该地区油气产量和矿权区块交易量都有所下降。

联邦海洋能源管理局负责联邦政府海上油气矿权区块的出让工作，海洋能源管理局的四个区域办公室分别管理墨西哥湾海域、大西洋海域、太平洋海域和阿拉斯加海域的海上油气矿权区块出让和管理工作。目前，美国政府开放的对外出让矿权区块来自太平洋海域、阿拉斯加海域和墨西哥湾海域，东部的大西洋海域尚无处于有效租约期的油气区块——过去五年内该海域也没有被列入出让规划（即2012—2017年的五年规划）。根据海洋能源管理局2017年1月的官方统计报告[7]，联邦政府在上述的前三个海域内计划可对外出让海洋总面积约 3.8×10^8 acre（$154.4 \times 10^4 \text{km}^2$）。然而，目前上述海域范围内有效矿权租约期内的矿权土地面积累计仅 1735×10^4 acre（$7.02 \times 10^4 \text{km}^2$），且当前有效的矿权租约区块主要位于墨西哥湾中部地区，具体区域分布面积情况如图1.9所示。很多专家认为，美国政府出于战略性保留资源的考虑，尚未对外开放大面积海域的油气勘探开发，而这些未开放的海域均属于油气区块出让规划中所界定的目前不开放的区域。

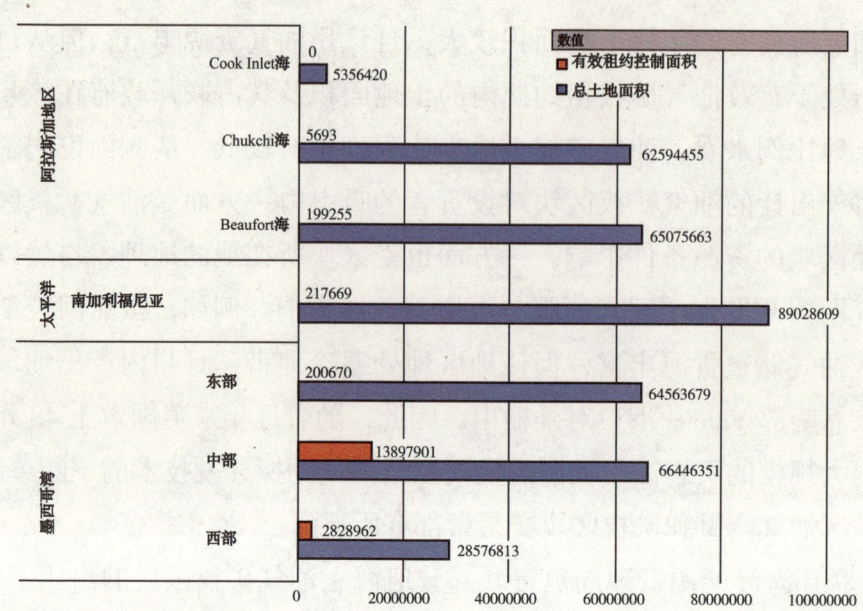

图 1.9　美国联邦海上各海域可出让土地面积和有效矿权租约控制面积

综上所述，美国矿产资源所有权受控于土地所有权的制度决定了政府出让的油气矿权区块主要来源为美国政府所有的土地，包括联邦陆上及海上领土范围。近 10 年，美国联邦政府对外出让的陆上及海上区块以及目前正处于有效矿权租约期限内的区块大部分位于油气资源丰富的中西部落基山地区和海上墨西哥湾地区——这从侧面反映出油气矿权区块出让过程中资本的逐利性。油气资源禀赋、油气勘探开发基础服务设施完善程度及商业化程度均直接影响各个区域的油气矿权区块出让及交易的活跃度，但三者在美国政府油气区块出让规划中所处的位置和作用各异。在当前低油价环境下，油气勘探开发投入更高、自然环境更恶劣的阿拉斯加北部 Beaufort Sea 地区 42 个有效矿权租约区中仅 3 个在产。因此，美国政府在组织制定油气矿权区块对外出让规划过程中，一方面会结合国家安全和资源情况制定资源利用规划，同时也充分考虑油气市场、经济环境、区域自然环境和综合服务保障措施等多方面因素，以使拟出让的油气矿权区块能够吸引更多的投资者参与，提高油气资源勘探开发效率，保证政府在对外出让油气矿权区块的过程中得到合理的回报。

1.1.3 美国政府出让区块勘探开发特点概况

据联邦土地管理局官方统计，截至2016年底，美国联邦陆上约$2721×10^4$acre（$11×10^4$km^2）土地以有效矿权租约的形式由矿权承租人持有，而在此$2721×10^4$acre油气租约土地内有$1277×10^4$acre（$5.17×10^4$km^2）矿权土地内正在产出商业油气[8]。根据美国联邦海洋能源管理局统计，截至2016年底，美国联邦政府所属近海外大陆架范围内约$1735×10^4$acre（$7.02×10^4$km^2）土地以有效矿权租约的形式由矿权承租人持有，其中$456×10^4$acre（$1.85×10^4$km^2）矿权区块处于在产状态。无论陆地还是海上，美国联邦政府控制的有效矿权租约面积与在产油气租约面积都很庞大。

美国国会研究服务部的统计报告[9]显示，2015年美国联邦矿权土地内原油平均日产量为$195.5×10^4$bbl，约占当年美国总原油日均产量（$941.5×10^4$bbl）的21%，其中联邦陆上油气矿权区块原油日产量为$45.5×10^4$bbl，联邦海上油气区块原油日产量为$150×10^4$bbl。表1.2为2006—2015年美国联邦陆上和海上油气矿权区块内原油产量以及美国总原油产量的详细数据。同样，美国国会研究服务部的报告也统计了2006—2015年美国联邦陆上和海上油气矿权区块内天然气日产量和各年度美国总天然气日产量数据，详见表1.3。表1.3中的数据显示2015年联邦政府所属矿权区块内天然气日均产量为$4.59×10^{12}$ft^3（$1300×10^8$m^3），约占当年美国总天然气日均产量[$28.74×10^{12}$ft^3（$8140×10^8$m^3）]的16%，其中联邦陆上油气矿权区块天然气日产量为$3.24×10^{12}$ft^3（$917.85×10^8$m^3），联邦海上油气矿权区块天然气日产量为$1.36×10^{12}$ft^3（$385.27×10^8$m^3）。

表1.2 2006—2015年美国联邦陆上和海上原油产量　　　　单位：10^6bbl/d

年份	全美总计	非联邦	联邦总计	联邦海上		联邦陆上	
				产量	占全美产量百分比	产量	占全美产量百分比
2015	9.415	7.46	1.955	1.5	15.93%	0.455	4.83%
2014	8.362	6.553	1.809	1.4	16.74%	0.409	4.89%
2013	7.249	5.581	1.698	1.33	18.35%	0.368	5.08%
2012	6.224	4.586	1.638	1.3	20.89%	0.338	5.43%
2011	5.551	3.843	1.708	1.4	25.22%	0.308	5.55%
2010	5.441	3.501	1.94	1.65	30.33%	0.29	5.33%
2009	5.643	3.893	1.75	1.47	26.05%	0.28	4.96%
2008	5.037	3.467	1.57	1.3	25.81%	0.27	5.36%
2007	5.092	3.444	1.648	1.38	27.10%	0.268	5.26%
2006	5.006	3.474	1.532	1.27	25.37%	0.262	5.23%

表1.3 2006—2015年美国联邦陆上和海上天然气产量　　　　单位：10^9ft^3/d

年份	全美总计	非联邦	联邦总计	联邦海上		联邦陆上	
				产量	占全美产量百分比	产量	占全美产量百分比
2015	28737	24143	4594	1356	4.72%	3238	11.27%
2014	26679	21929	4750	1336	5.01%	3414	12.80%
2013	25551	20637	4914	1449	5.67%	3465	13.56%
2012	25190	20944	5420	1632	6.48%	3788	15.04%
2011	23540	17723	5817	2005	8.52%	3812	16.19%
2010	21924	15601	6323	2395	10.92%	3928	17.92%
2009	21612	15248	6364	2390	11.06%	3974	18.39%
2008	20994	14523	6471	2663	12.68%	3808	18.14%
2007	19951	13471	6480	2886	14.47%	3594	18.01%
2006	19016	12775	6241	2837	14.92%	3404	17.90%

图1.10为2015年美国原油和天然气产量分布情况。由图1.10可知，美国联邦油气矿权区块所产原油主要来自海上，而联邦油气矿权区块所产天然气则主要来自陆上，其主要原因是海上油气勘探开发投资高，相对于天然气资源，油气企业倾向于优先开发投资回报率更高

的石油资源来保障其快速回收勘探开发投资和获取收益。此外，由于目前美国联邦政府开放的海上油气矿权区块主要位于墨西哥湾地区，且根据图 1.3 和图 1.4 中美国石油和天然气储量资源分布情况可知，虽然墨西哥湾地区也具有相对丰富的天然气资源，但其石油的已探明剩余可采储量约占全美境内已探明剩余可采储量的 12.13%，仅次于长期以来处于美国油气资源霸主地位的得克萨斯州和近年来由于页岩油资源开发取得突破而储量和产量迅速上升的北达科他州，这也从资源保障方面促进了墨西哥湾深水项目石油资源的开发和利用。

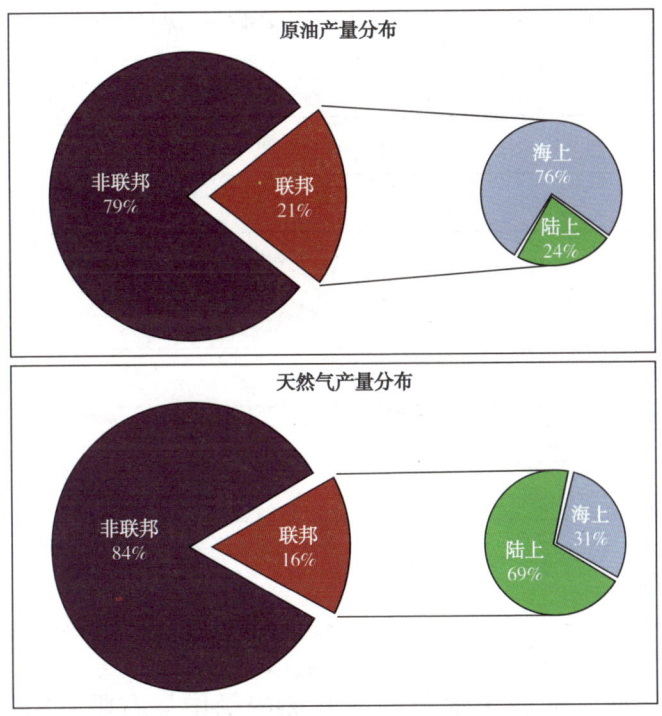

图 1.10　2015 年美国原油和天然气产量分布情况

随着水平井钻井技术、水力压裂技术等一系列油气勘探开发技术的进步与革新，美国石油和天然气产量取得重大突破，已成为全球第二大石油生产国和最大的天然气生产国，而 2015 年联邦政府所属油气矿权区块原油和天然气产量所占比例分别为 21% 和 16%，此产量占比情况在2010年以前均超过30%,其中联邦政府矿权土地内的原油产量占全美总原油产量的比例曾高达35%(2010年数据)。此外,从图1.11所示的2006—2015年美国联邦和非联邦土地内油气产量变化曲线可见,自2010年开始美国非联邦土地范围内的原油产量突飞猛进,年平均增长速度达到16%,而对应的联邦政府土地范围内原油产量增长仅为3.43%。尽管美国存在大量的私有土地,但联邦政府所属土地的油气资源仍然是十分丰富的,而对应石油产量也接近年产1×10^8t石油。

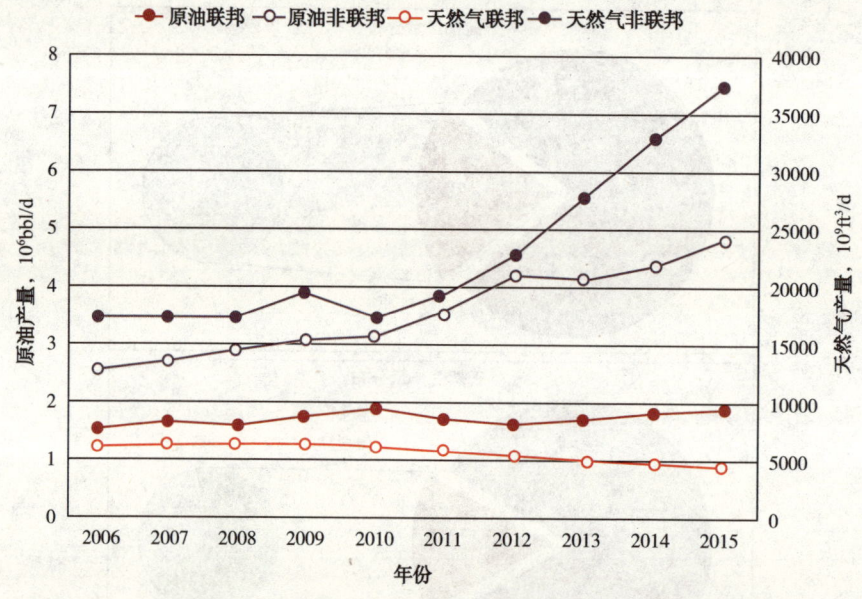

图1.11 2006—2015年美国联邦和非联邦土地内油气产量变化

一方面,联邦矿权土地范围内原油产量增长有限是由于美国特殊的土地和矿权所有制造成的,美国陆上油气资源最丰富同时也是近年来美国油气产量增长主要推动力的得克萨斯州和北达科他州土地大部分由私人所有,其联邦政府所属土地仅分别占全州土地面积的1.8%和3.9%,土地和矿产所有权限直接决定了这两个产油气大州的油气产量主要贡献为非联邦政府的区块,同时压低了联邦政府所属油气矿权区块内的产量比例；作为联邦政府主要原油产出的海上区块勘探开发风险大、投资高、勘探开发周期长，且具有油气勘探开发远景的东西海岸联邦所属海上地区并未全面规划开放，这些特点造成近年来投资者和油气生产商将更多的目光投向陆上生产周期更短、成本更低和生产效率更高的页岩油气开发，使得联邦政府所属矿权土地特别是海上区块油气产量增长承压。如图 1.12 所示，2010—2016 年期间美国 5 个主要页岩油气盆地和全美平均的页岩油气井口盈亏平衡价格大幅降低，2016 年全美境内陆上页岩油生产的井口盈亏平衡价格已下降到 36.5 美元 /bbl，在效益上已普遍超过海上项目。

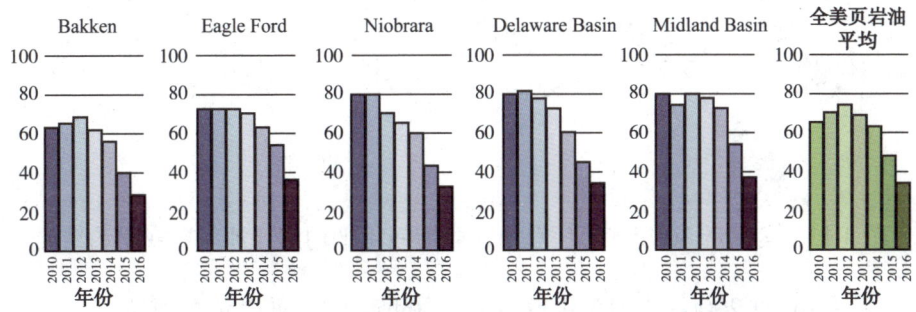

图 1.12　美国页岩油井口盈亏平衡价格（美元 /bbl）

另一方面，奥巴马政府的清洁能源政策和 2010 年美国墨西哥湾原油泄漏事件等因素也在很大程度上影响了联邦政府所属矿权土地内油气资源的产量增长。图 1.13 所示为自 1987 年美国实施《联邦陆上油气租赁改革法》以来，历届总统任职期间美国平均每年由联邦土地管理局负责对外出让的陆上油气矿权租约数目及对应的出让总矿权土地面积，可见奥巴马执政期间美国联邦政府年平均对外出让油气矿权区块无论从租约数目还是对应矿权土地面积方面均较其前四任总统任职期间有很大差距，即使与同为民主党的克林顿总统任职期间情况对比，也有一定差距，反映出奥巴马政府的清洁能源政策确实对联邦政府层面的油气勘探开发业务产生一定影响。

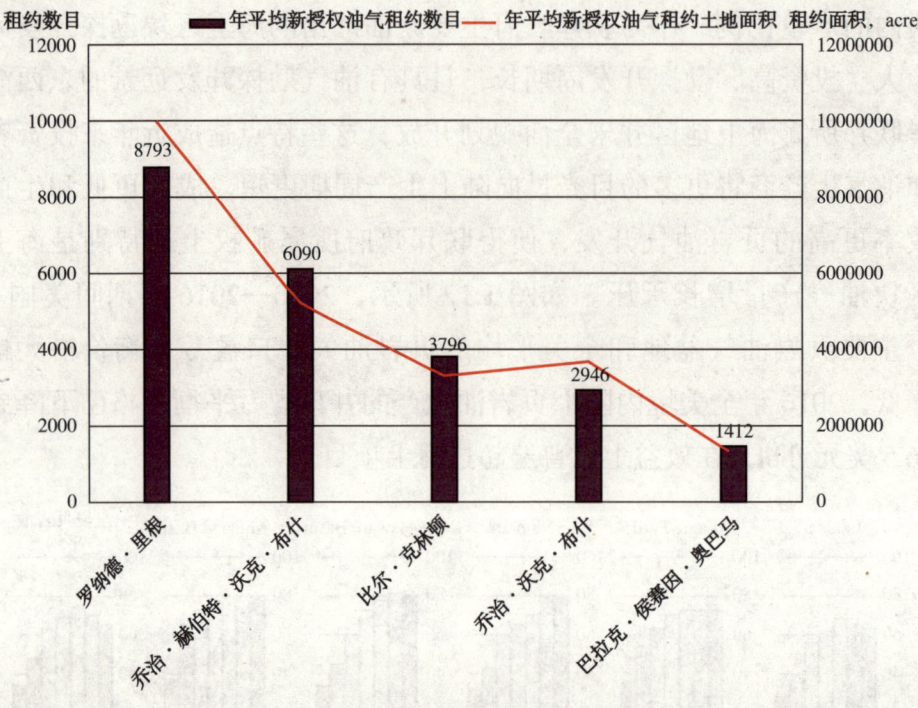

图1.13 美国近30年来历任总统任职期间年平均出让油气矿权租约情况

图1.14为2006—2015年联邦政府的陆上和海上油气矿权土地内原油和天然气产量变化情况。其中，2008年国际原油价格达到历史性高峰，刺激资本大量注入油气勘探开发领域特别是海上油气区块的开发，2008—2010年美国联邦海上油气矿权土地内的原油产量以年均13%的速度增长。然而好景不长，随着2010年4月20日美国路易斯安那州威尼斯东南海域内一阵巨响，美国海上油气勘探开发遭遇了前所未有的历史性灾难，墨西哥原油泄漏事件直接影响了该海域内原油生产，致使2010—2012年美国联邦政府海上原油产量剧烈下跌，2012年的原油产量回到了四年前的水平。而这一期间，美国陆上得克萨斯州和北达科他州大片的非联邦政府所属土地内的页岩油气勘探开发正如火如荼地开展。同时受此事件的影响，美国联邦政府加大了在近海外大陆架油气矿权区块出让规划和钻井审批过程中的环境影响评估力度，使得海

上油气矿权区块的规划制定、竞争出让评标和各项钻探作业审批的时间均有所增加,这也是限制联邦政府海上油气产量增长的因素之一。

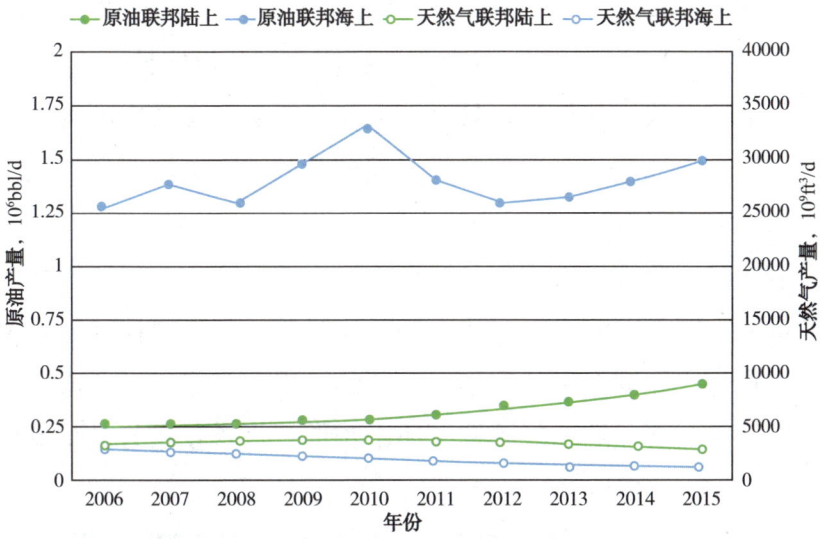

图1.14　2006—2015年美国联邦政府所属矿权土地内原油和天然气产量变化情况

在油气区块勘探开发技术应用方面,由于美国无论是私人或政府所有土地内的矿权均可通过租约的形式对外出让,而获得油气矿权租约的投资者或石油企业及矿权租约的承租人都可以自行对区块内的油气资源进行勘探开发,也可以雇佣专业的技术服务公司来进行油气勘探开发作业。美国作为世界上油气勘探开发技术先进、服务市场高度商业化的国家,无论是承租者还是油田的作业者都可以根据自身的资金实力和投资规划进行勘探开发服务的选择。从这一层面讲,政府出让的矿权区块和私人土地主所有的矿权区块在油气勘探、开发、生产作业组织和政府监管方面并无实质差异。

综上所述,美国联邦政府出让的油气矿权区块 195×10^4 bbl 的原油日产量和 4.59×10^{12} ft^3 的天然气日产量具有较大规模,对美国国内油气供给具有很大的贡献。而过去10年期间,受到美国能源政策导向和墨西哥湾泄油事件的影响,美国联邦政府在油气矿权区块对外出让和勘探开发审批方面的管理力度都有所加强，环境影响评估更加严格，在一定程度上增加了油气企业开发联邦政府油气矿权出让区块的难度。多种因素影响，致使美国联邦政府出让的油气矿权区块勘探开发及产量增长在过去10年内并没有赶上美国整体油气产量增长的快车。但是，按照美国油气区块出让规划，具有巨大油气资源勘探潜力的美国东西海岸联邦海域出于战略原因短期内尚未完全开放，美国政府在油气区块的储备上规划了很大的回旋余地和空间。可见，出让油气区块的资源禀赋、政府战略、政策导向都将直接影响油气矿权区块的出让规划以及勘探开发进程。因此，研究美国政府制定油气矿权区块出让规划以及相应的政策特点等，能够对中国在油气改革的过程中制定出一套适合中国经济、社会及资源情况的油气矿权区块中长期规划提供很好的借鉴。

1.2 美国政府油气区块出让规划方法和制定流程

作为全球最活跃的油气矿权交易市场，美国政府不仅在组织区块对外出让以及矿权流转过程中有一套相对完善的管理系统，在系统性的进行出让区块的规划设计方面同样有一套相对完整而成熟的管理体系。美国政府通过制定资源管理规划或油气租赁五年规划确保了公有土地利用和资源保护之间的最佳平衡，同时为政府合理有序组织区块出让活动奠定了基础，使潜在的矿权投资人能够结合资源国资源禀赋特点和自身经济实力更合理地进行投资规划和投资实践。

1.2.1 美国政府区块出让规划管理机构和制定流程

美国内政部下设的海洋能源管理局和联邦土地管理局作为美国联邦政府所属的油气矿权对外出让的主管部门，同样也全权负责政府所属油气矿权区块出让规划的制定工作，但在制定区块出让规划或资源管理规划的过程中涉及与地表土地利用、环境影响评估、野生动物保护以及军事管理区域保护等方面的事物则会同林业局、美国环境保护署（U.S. Environmental Protection Agency，简称环保署）及国防部等相关部门协调工作，共同协商解决争议问题。

美国海上油气矿权区块大部分都由联邦政府所有，而海洋能源管理局作为联邦政府直接负责管理海上油气矿权区块的部门，同样也肩负着制定海洋油气资源利用规划的责任。美国近海外大陆架的油气资源主要由联邦政府持有，联邦政府制定的海上油气矿权区块出让规划称为《外大陆架油气租赁五年规划》。目前，根据《外大陆架土地法》的相关条例，海洋能源管理局已完成了最新的2017—2022年海洋油气矿权区块出让五年规划[11]。外大陆架海洋油气矿权区块出让规划的制定过程需要经过五个阶段：信息征集、规划草案、规划调整方案、规划最终方案以及决策批准记录，如图1.15所示。

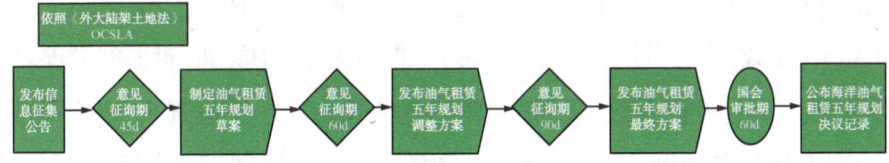

图1.15 美国联邦海上油气矿权区块出让规划制定流程

按照法律规定，《外大陆架油气租赁五年规划》在制定过程中必须充分考虑多种因素，包括计划出让区域的地理、地质和生态因素分析；权衡拟对外出让的油气区块在开发过程中产生的收益与因此而产生的环境风险；分析拟开放区域海洋和海底相关其他用途的需求；分析拟开放区块的位置同地区和国家能源市场需求的匹配程度，工业企业对于拟对外开放区块的潜在兴趣；充分考虑准备纳入油气出让规划的区域与可能受到相关油气勘探开发活动影响的州的相关法律及政策；同时在整个油气区块出让规划制定的过程中必须充分考虑环境敏感性，对于每一个区域必须进行环境影响分析。一般《外大陆架油气租赁五年规划》的制定过程耗时2至3年，目前已经完成的最新的

2017—2022年的租赁规划制定工作始于2014年6月，到2017年1月最终方案获批，历时两年零八个月，可见制定油气出让规划是一套相对系统的工作，需要经历复杂的工作过程。

美国联邦土地管理局负责管理美国陆上累计近 7×10^8 acre（$283.3 \times 10^4 km^2$）土地范围内的矿产权益。根据《联邦土地政策管理法》（1976）规定，所有对外出让的矿权区块必须包含在联邦土地管理局已经完成的资源管理规划范围内，资源管理规划（Resource Management Plans，RMP）是美国政府为保持美国公有土地健康、环境多样性和土地生产力而制定的工作蓝图。《联邦土地政策管理法》规定资源管理规划（也称土地利用规划）制定的过程中主管部门必须多方面结合相关法律考虑相应土地区块的利用方式以及持续的收益，优先考虑重大环保问题，考虑土地存量及资源可利用情况，着重考虑土地利用的长期利益而非短期利益等。同时，在制定资源利用规划的过程中要依照相应的法律同州或地方政府就当地的控制环境污染等重点问题进行协商以保证经济环保地利用土地资源。联邦土地管理局制定的资源管理规划构成了在美国陆上公共土地范围内实施应用的基础，其制定的流程主要包含五个阶段[10]：发布公告、分析、规划资源管理草案、规划调整方案和决议记录，如图1.16所示。

图1.16　美国联邦政府陆上土地资源管理规划制定流程

在资源管理规划制定的过程中，公众意见征询期和抗议期分别为90d和30d，而联邦土地管理局根据公众意见的征询结果完成对资源管理规划的修改。按照规定，联邦土地管理局需要将资源管理规划的调整方案同环境影响声明一并提供给土地所在州的州政府，以便后者结合本州情况对联邦政府制定的资源管理规划所涉及的土地利用及环境影响等方面的决定做出一致性判断。

一般最终发布的决议记录（Record of Decision，ROD）是一份相对简明和实用的描述相应的土地范围内资源的利用方式、目的以及未来管理方案等的文件，同时也会记录根据公众抗议及州政府一致性判断意见而做出的相关修改。内政部长签署决议记录即标志着资源管理规划的形成。

由于归属于美国联邦政府所有的陆上土地面积广泛，在各州都有分布，同时陆上土地内矿产资源的开发和利用过程，需要平衡诸多因素，如耕地及林业用地保护、野生动物栖息地保护、自然景观和历史遗迹的保护以及生态系统的维护等多个方面，因此联邦土地管理局制定资源管理规划是一个相对动态的过程，每一份规划制定过程的耗时也不确定，但一般来说不少于2年。资源管理规划制定的具体工作由联邦土地管理局下设的12个地区办公室负责，12个地区办公室及其所管辖的联邦油气矿权区块所在范围详见表1.4。联邦土地管理局国家办公室位于华盛顿，只有经过联邦土地管理局选址规划的土地内油气矿权区块才能对外出让，因此资源利用规划是美国油气区块出让规划十分关键的一个环节。而对于联邦土地管理局尚未开展土地调查和制定资源管理规划的土地内油气矿权区块，不能以矿权租约的形式对外进行出让。任何人不得以任何形式对未进行资源管理规划的土地内矿产资源进行开发利用。

表1.4　联邦土地管理局地区办公室

联邦土地管理局区域办公室名称	管辖联邦政府所属土地内油气矿权区块所在区域/州
阿拉斯加办公室（Alaska）	阿拉斯加州
亚利桑那办公室（Arizona）	亚利桑那州
加利福尼亚办公室（California）	加利福尼亚州
科罗拉多办公室（Colorado）	科罗拉多州
东部州办公室（Eastern States）	包括阿肯色州（Arkansas）、爱荷华州（Iowa）、路易斯安那州（Louisiana）、明尼苏达州（Minnesota）、密苏里州（Missouri）及密西西比河东部各州
爱达荷办公室（Idaho）	爱达荷州

续表

联邦土地管理局区域办公室名称	管辖联邦政府所属土地内油气矿权区块所在区域/州
蒙大拿—达科他办公室（Montana-Dakotas）	蒙大拿州（Montana）、南达科他州（South Dakota）、北达科他州（North Dakota）
内华达办公室（Nevada）	内华达州
新墨西哥办公室（New-Mexico）	包括堪萨斯州（Kansas）、新墨西哥州（New Mexico）、俄克拉何马州（Oklahoma）和得克萨斯州（Texas）
俄勒冈州—华盛顿办公室（Oregon-Washington）	包括俄勒冈州（Oregon）和华盛顿州（Washington）
犹他办公室（Utah）	犹他州
怀俄明办公室（Wyoming）	怀俄明州

无论是美国联邦陆上还是海上油气资源对外出让规划，制定的过程中都必须配合进行环境影响分析及完成配套的环境影响声明（Environmental Impact Statement，EIS）。图1.17所示为海洋能源管理局在制定油气租赁五年规划过程中有关环境影响声明配合规划制定的过程，联邦土地管理局制定资源管理规划时配套完成环境影响声明的过程与之类似。可见，在完成规划选址、制定资源管理规划草案后，公众对于制定的草案提出意见，环境影响声明的准备过程从主管部门以草案为基础结合公众意见进行方案修改便正式开始，即规划制定主管部门在对外公开规划调整方案时就必须同时对外公布相对应的每一个区域环境影响分析结果，同调整的规划方案一起接受公众意见的征询。最终的规划方案也必须包含一套完整的对于计划出让的油气矿权区块进行国家环保政策法合理性分析后的环境影响声明书。

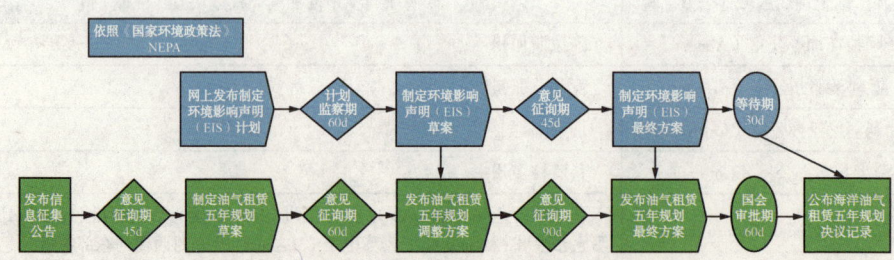

图1.17 环境影响声明配合规划制定的流程图

通过对制定流程的分析可见，美国海洋能源管理局负责制定的外大陆架油气租赁规划在最终方案的制定完成后必须上报国会，等待国会和总统的审批，而在陆上资源利用规划制定中并未见这一过程。同陆上土地资源管理规划的制定工作相比，美国联邦政府对于海洋油气资源租赁规划的制定工作更具系统性，整体制定未来5年的规划，这在很大程度上也是由于同陆上土地资源相比，联邦政府所属的近海外大陆架矿权土地范围连续并且面积更大，油气资源更丰富。此外，由于美国联邦土地管理局制定的资源管理规划是一套相对综合的土地利用计划，并不单纯针对油气矿权出让，因此最终完成的资源管理规划是针对选址划定的区域内土地利用的综合方案。需要指出的是，无论是联邦土地管理局还是海洋能源管理局，已经完成的土地资源管理规划和油气租赁规划必须结合经济社会发展以及气候环境变化等情况进行复审和修订，例如某一区域土地为珍稀动植物栖息地，而在过去制定资源管理规划的过程中该物种并未被划归至濒危物种保护群体，因此在规划制定时也未限制该物种栖息地内的油气资源开发利用，区域内土地可以对外出让；而随着气候环境的变化这一物种被增设至濒危物种保护群体，相对应的土地也因此被限制对外出让，则联邦土地管理局需要对已制定的土地资源管理规划进行复审和修订，而这一修订过程需要说明环境影响评估的结果，以及相应区块被调整的详细原因。按照规定，海洋能源管理局需要每年对制定好的五年规划进行复审，若对于已经通过的五年规划有明显的改动则需要进行完整的环境影响评估和公众意见征询过程。

美国联邦海洋能源管理局和土地管理局制定资源管理规划和油气租赁五年规划的流程看似简单，但实际操作过程的组织方式却十分复杂。通过对美国联邦政府制定资源管理规划和油气租赁五年规划的过程分析可见，环境影响评估工作与规划相辅相成，整个规划制定过程十分重视公众的参与，并且需要取得州/地方政府的一致认可。公众意见征询期和抗议期分别长达 60d 和 90d，公众有充足的时间对资源管理规划和油气租赁五年规划进行监督和权益表达。规划制定的过程公开透明，每一阶段的相关文件和决议记录都可以在网上查询。

1.2.2　美国油气区块出让规划方法和具体组织方式

虽然联邦近海外大陆架油气租赁五年规划（OCS Oil and Gas Leasing Program）和陆上油气矿权土地资源管理规划（RMP）制定的流程几乎相同，但在具体的规划方法和组织方式上却有一定差别。

1.2.2.1　联邦海上油气矿权出让管理规划制定的方式和方法

海上油气矿权区块出让规划（即近海外大陆架油气租赁五年规划）的制定是一个相对完整而统一的过程，一般一份五年规划涵盖了联邦政府管理的四片海域（墨西哥湾海域、东岸大西洋海域、西岸太平洋海域以及阿拉斯加沿海区域）在未来五年拟对外出让的全部油气矿权区域。《外大陆架油气租赁五年规划》包含了拟开放区域位置、计划对外出让时间和区块大小等信息。海洋能源管理局对外出让的每一个油气矿权区块都必须包含在五年规划内。

（1）发布信息征集公告（Request for Information，RFI）。

根据前文介绍的外大陆架油气租赁五年规划制定流程，海洋能源管理局首先需要对外发布信息征集公告，面向相关州政府、地方政府和企业、公众以及相关联邦机构进行信息征集。在 RFI 中，海洋能源管理局需要概述各个海域内已经实施的油气矿权区块出让情况，以及相关的海域内是否有特殊的行政禁令影响油气租赁五年规划的制定等内容。为了规划和管理海洋油气区块，海洋能源管理局将联邦政府所属外大陆架油气矿权区域划分为 26 个计划区域，如图 1.18 所示。在征求信息过程中，海洋能源管理局应分析在所制定的油气租赁五年规划时间范围内有哪些地区可以被纳入到规划内，哪些地区因特殊的行政禁令或环境保护而不能被纳入规划范围。由于整个五年规划制定的过

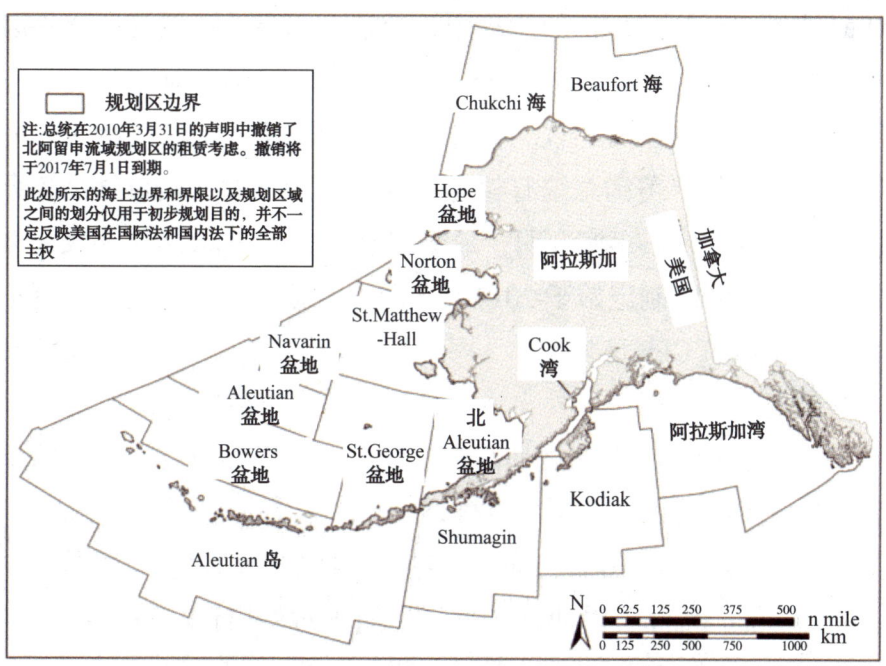

(a) 阿拉斯加外大陆架规划区

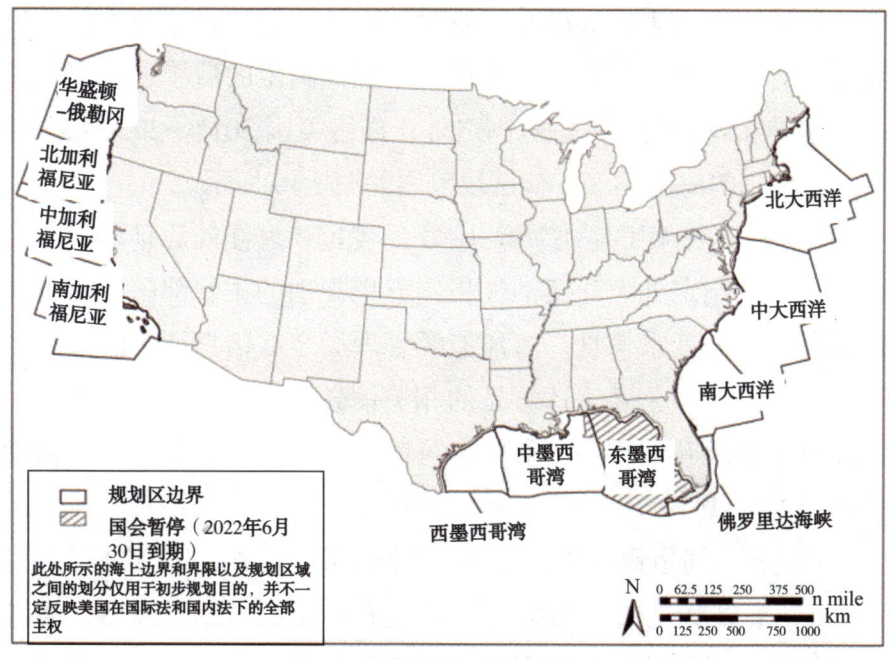

(b) 外大陆架下48个州规划区

图 1.18　2017—2022 五年规划制定之初可用于油气租赁规划的地区

程耗时较长,在制定规划的过程中,政治、军事、环境及社会等因素可能导致对禁止开发的区域进行调整。《外大陆架土地法》授予美国总统撤回一切计划区域的权力,即随着国家安全、地缘政治或环境保护等情况的变化,美国总统有权力从战略角度出发,发布总统政令撤回任何拟开放区域。事实证明,最新完成的 2017—2022 年外大陆架油气租赁五年规划的制定始于 2014 年 6 月,在规划制定之初,只有东墨西哥湾(Eastern Gulf of Mexico)海域内区块因受《墨西哥湾能源安全法案》的规定而被限制对外出让,且法案的有效期限截止到 2022 年 6 月,如图 1.18 所示;但在规划制定过程中,奥巴马政府的另外两条行政禁令进一步限制了阿拉斯加沿海部分地区用于油气矿权出让活动[12],一条为 2014 年 12 月 16 日公布的撤销阿拉斯加西部海域北阿留申盆地(North Aleutian Basin)内油气矿权区块用于对外出让,另一条为 2015 年 1 月 27 日公布的撤回阿拉斯加北部北极圈内 Chukchi 海和 Beaufort 海部分区域用于未来油气矿权区块对外出让活动,且这两条禁令目前为止并没有指定到期时限,因此在五年规划制定的后续过程中上述两片区域被排除规划制定考虑范围之外,最终美国 2017—2022 年联邦政府可用于规划的海上油气矿权区块范围如图 1.19 所示。

根据《外大陆架土地法》第 18 章的规定,海洋能源管理局作为内政部长授权的制定外大陆架油气租赁五年规划的主管部门,需要就制定规划面向公众征求信息。海洋能源管理局会在信息征集阶段阐述其主要关心的、希望公众表达意见的相关信息类型,在这一过程中,公众、地方政府及其他相关利益体也可以就制定五年规划提出任何疑问或提供相关信息。

(2)发布油气租赁五年规划草案(以下简称:规划草案)。

一般信息征集的过程持续半个月左右。完成信息征集后,海洋能源管理局会在后续约半年的时间内,充分分析征询到的公众意见,同时结合相关法律法规以及国家能源供应需求等多方面因素,制定并对

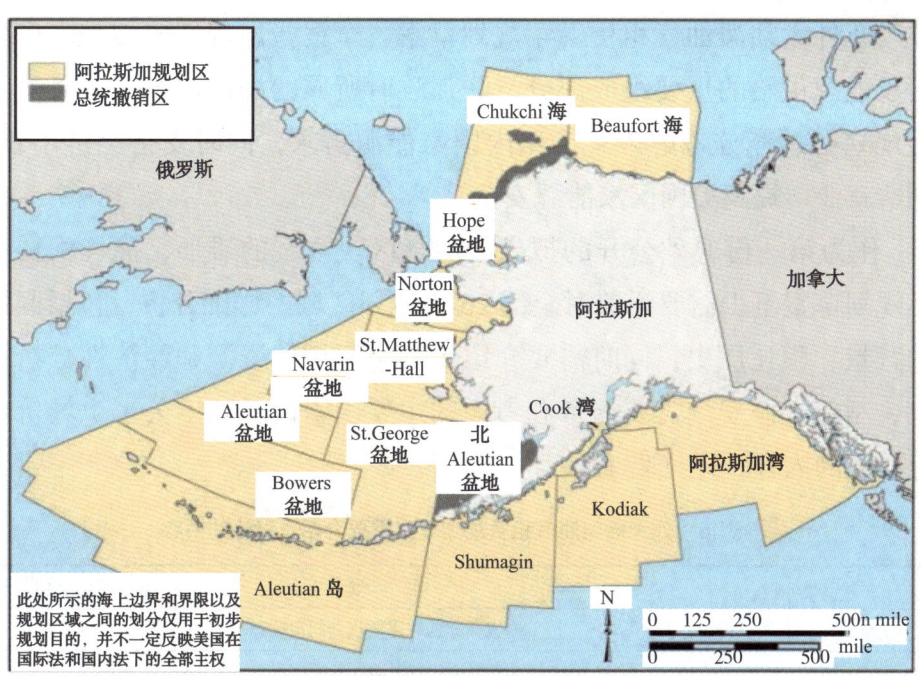

(a) 阿拉斯加外大陆架规划区

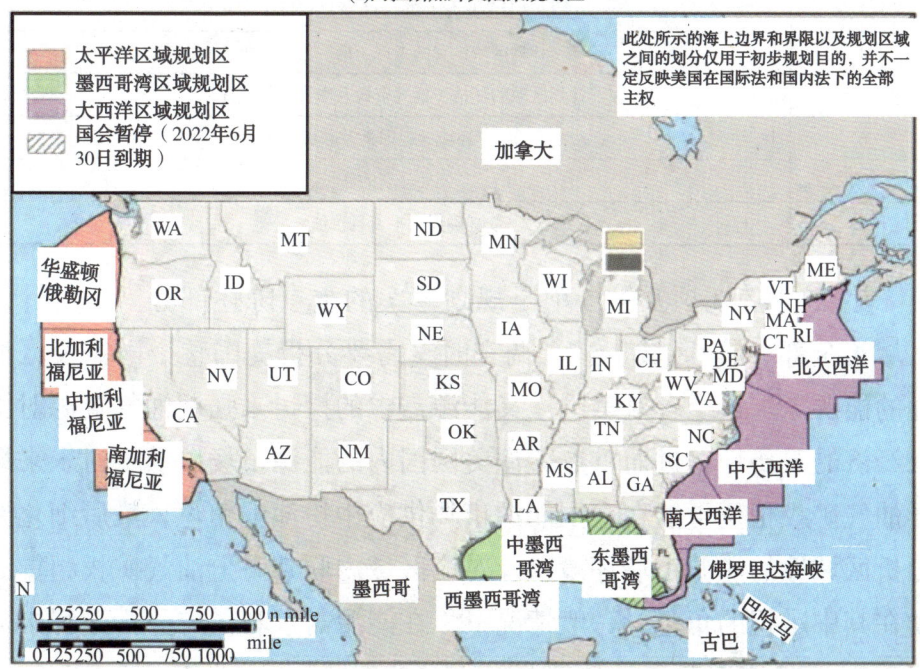

(b) 外大陆架下48个州规划区

图 1.19　2017—2022 五年规划制定最终可用于油气租赁规划的地区

外发布外大陆架油气租赁五年规划草案。草案指出规划原则是：作为国家能源供给的重要组成部分，联邦政府所属的海洋油气区块对外出让规划必须充分考虑未来五年内国家能源需求，同时支持经济增长、创造就业、提高美国国家能源安全。

作为第一份对外公开的拟出让油气区块方案的雏形，油气租赁五年规划草案至少需要涵盖对全部26个计划区域的详细分析，包括区域的背景、租让历史，同时需要介绍每一个区域的资源和经济性分析结果、制定资源规划需要衡量和考虑的主要因素以及确定公平市场价值等方面的内容，详见表1.5。

表1.5 外大陆架油气租赁规划草案需要介绍及讨论的内容

章节	主题
1	外大陆架油气租赁规划制定流程
2	《外大陆架土地法》18章规定的制定油气租赁规划需要衡量和考虑的因素
3	外大陆架计划区域（26个）背景和租让历史简介
4	计划区域位置的考虑（能源需求分析）
5	计划区域的评估（油气资源及净社会价值评估）
6	环境考虑因素及顾虑
7	公平分享的考量
8	确保公平市场价值

表1.5中第4项及第5项是规划草案的重点陈述部分。在对计划区域（全部26个区域）进行调查时，需要分析美国整个国家及区域性的能源需求，结合对美国广义能源需求的探讨来强调油气资源对国家经济的重要性，进而重点关注美国国内的能源市场以及探讨未来海洋油气矿权租赁可能在全国能源市场供应中扮演的角色，最后细化到分析区域性的能源市场环境以及对应区域内联邦海上油气矿权租赁活动在其中承担的角色。一般情况下，在能源需求和供应分析过程中会将美国划分成5个石油管理防御区（Petroleum Administration Defense Districts，PADD），如图1.20所示。计划草案中需要分析每一个行政管

理区域对应的油气产量、消费量以及进出口量等信息（图1.21），这些分析构成了外大陆架油气资源租赁规划制定的基础。

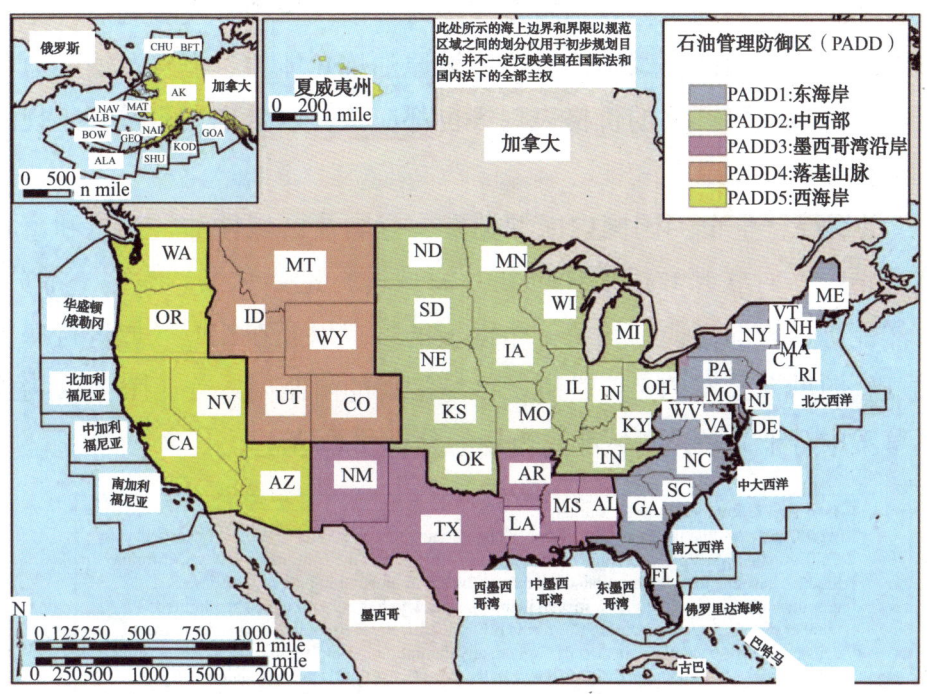

图1.20 美国石油管理防御区划分情况

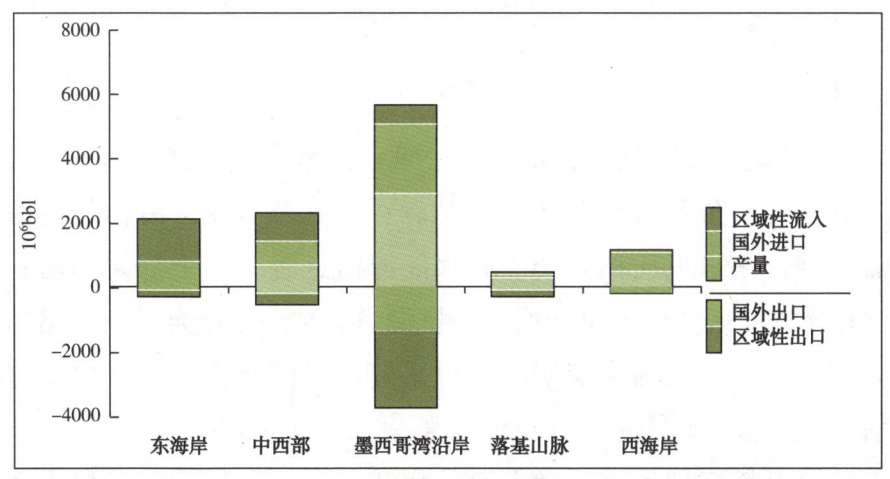

图1.21 外大陆架油气租赁五年规划草案中对区域性油气市场分析示例

除需要考虑区域性油气产量、消费量以及原油/油气产品在不同区域间的流通等信息外，区域基础设施特别是原油炼化能力的分析也是进行相关海域内油气矿权租赁规划即海洋油气资源开发和利用计划的关键性因素。因此美国国内各个区域原油炼化能力、道路运输能力以及不同区域油气产品的价格表现等也都应该在制定油气租赁五年规划时进行分析和考虑。

最后综合整个美国国内能源消费、全国及区域性油气产量和市场表现情况，对联邦政府所属的四片海域进行论述总结。在这一部分，海洋能源管理局需要强调每一个区域的特点以及在相应区域进行海上油气资源勘探开发的必要性以及区域潜在的限制因素等。图1.22为规划草案中对于太平洋海域能源市场的分析和总结。

> 4.4.5 Pacific Regional Energy Markets
> West Coast gasoline prices are considerably higher than those in all other PADDs. In particular, California gasoline prices are higher than those in any other of the contiguous states. California requires gasoline to be "reformulated" to reduce the environmental impact of the burned gasoline. This process requires a special blend of fuels which is only produced at a limited number of refineries. In addition, California refineries are already running at capacity to meet demand. Because supplies are already limited, any disruption in supply can cause prices to spike even higher. Given the large distance between the West Coast PADD and the majority of refineries in the Gulf Coast PADD, as well as a lack of pipelines crossing the Rocky Mountains, replacement supplies are farther away and can cause the price spikes to last even longer (EIA 2012b).
> The Pacific OCS has significant oil and natural gas resources (see Table 5-1), which could help meet regional energy needs, but the West Coast PADD would need additional refinery capacity to allow the region to use those resources.

图1.22　五年规划草案中对于区域性能源市场的综合分析总结示例

外大陆架计划区域分析的另一个重点内容在于对区域内油气资源量及其对应的价值进行分析和评估。在计划草案中，海洋能源管理局需要结合来自地质调查局、联邦能源信息署等多个部门的信息资源进行所管辖区域内的未探明可采资源量评估，并结合油气价格的假设方案对不同区域内未探明经济可采资源量的经济和社会价值进行评估。对于制定油气租赁五年规划来说，计划草案需要评估每一个区域内截至五年规划生效日尚未对外租赁的联邦海洋油气矿权土地内所蕴含的未发现经济可采资源量（Unleased Undiscovered Economically Recoverable Resource），图1.23为外大陆架各区域未发现技术可采资源量评估结果。

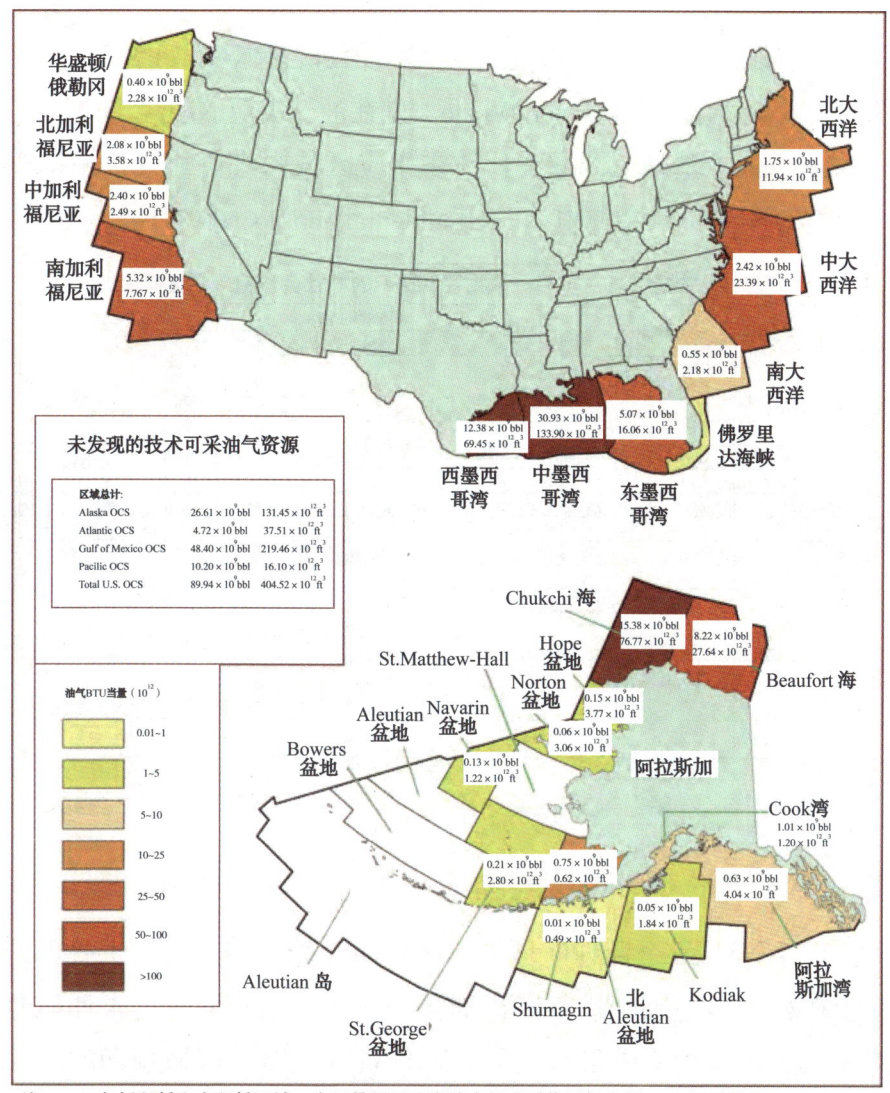

图1.23 规划草案中对联邦海上每一个计划区域内未发现技术可采资源量的评估

注：UTRR包括租赁和未租赁区域。由于佛罗里达海峡内的地质作用是东部GOM地区的延伸，因此佛罗里达海峡的UTRR包含在GOM估算中。

基于对联邦海上每一个计划区域内尚未租赁的未发现技术可采资源量（UTRR）的估计，同时考虑到油气价格不确定性等因素，海洋能源管理局结合高、中、低三种长期油气价格假设方案，对每一区域内的尚未对外出让的经济可采资源量进行经济和社会价值评估，并结合油气价格假设中方案的结果对各个区域价值进行排名，如图1.24。油气资源的净社会价值（Net Society Value）是在油气资源的净经济价值（Net Economic Value）基础上，减去预计在相应区域内进行油气资源勘探开发所产生的环境和社会费用（Environmental and Social Cost）后的结果。

表5-2 截至2017年7月，未出租UERR的净社会价值规划区排名

排名	规划区	净经济价值			环保和社区费用			净社会价值		
		\$billions								
		低 $60/bbl $4.27/mcf	中 $110/bbl $7.83/mcf	高 $160/bbl $11.39/mcf	低 $60/bbl $4.27/mcf	中 $110/bbl $7.83/mcf	高 $160/bbl $11.39/mcf	低 $60/bbl $4.27/mcf	中 $110/bbl $7.83/mcf	高 $160/bbl $11.39/mcf
1.	中GOM	$290.0	$795.1	$1,358.9	$16.4	$17.8	$18.3	$273.6	$777.3	$1,340.5
2.	西GOM	$45.8	$278.4	$556.1	$16.1	$17.3	$17.7	$29.7	$261.1	$538.4
3.	东GOM	$55.1	$183.9	$328.3	$4.5	$5.0	$5.2	$50.6	$178.9	$323.3
4.	南加利福尼亚	$57.8	$148.7	$245.6	$2.2	$2.7	$3.1	$55.6	$146.0	$242.5
5.	Chukchi海	$1.8	$127.3	$332.4	$0.2	$0.5	$0.6	$1.6	$126.7	$331.8
6.	Beaufort海	$2.9	$122.6	$347.3	$0.5	$0.7	$0.8	$2.5	$122.0	$346.5
7.	中加利福尼亚	$40.5	$93.6	$147.4	$1.2	$1.5	$1.8	$39.2	$92.1	$145.6
8.	中大西洋	$24.2	$89.7	$171.0	$1.2	$1.5	$1.6	$22.9	$88.2	$169.4
9.	北大西洋	$23.2	$72.1	$130.3	$0.9	$1.0	$1.1	$22.3	$71.2	$129.2
10.	北加利福尼亚	$18.7	$52.6	$88.4	$0.6	$0.7	$1.0	$18.1	$51.9	$87.5
11.	阿拉斯加湾	$7.8	$32.9	$56.9	$0.0	$0.1	$0.1	$7.7	$32.8	$56.9
12.	Cook湾	$5.3	$27.7	$53.5	$0.1	$0.1	$0.1	$5.2	$27.6	$53.4
13.	北Aleutian盆地	$0.6	$11.9	$44.5	$0.0	$0.1	$0.1	$0.6	$11.8	$44.4
14.	华盛顿/俄勒冈	$3.2	$9.5	$17.0	$0.2	$0.2	$0.3	$3.0	$9.3	$16.7
15.	南大西洋	$0.0	$3.5	$10.6	$0.1	$0.1	$0.2	-$0.1	$3.4	$10.4

注：St.George盆地、Kodiak、Navarin盆地、Hope盆地、Shumgin、Norton盆地和佛罗里达海峡规划区不包括在本表中，因为它们的开发价值不大。Aleutian岛、Aleutian盆地、Bowers盆地和St.Matthew-Hall规划区域不在此表中，因为它们资源量太少。所有价值都以3%的实际贴现率贴现。所有的价格场景都代表了一个在整个项目生命周期中不变的、通货膨胀调整后的价格。

图1.24 规划草案中对于各个区域尚未租让的经济可采资源量价值评估及排名示例

以上对全部26个计划区域（即联邦海洋能源管理局负责管理的全部海上矿权土地范围）进行的详细分析，包括结合能源需求和能源市场对区域地理位置的考量以及结合油气资源禀赋对区域预期的油气资源价值评估两个方面，这也是最终内政部长做出油气资源租赁五年规划决议批复的重要衡量指标。但规划草案中也特别强调，在众多影响资源规划因素中，区域的位置和资源经济价值只是比较重要的因素，

资源经济社会价值排名高低并不是相关海域纳入资源租赁计划的唯一决定性因素。

在规划草案的最后部分，海洋能源管理局需要根据综合性分析结果给出在不同海域计划组织油气矿权区块出让活动的时间和频次备选方案，同时也会在规划草案中标识出优选方案，以供进一步分析和评估。联邦海洋能源管理局制定外大陆架油气租赁五年规划是一个逐步筛选的过程，各个海域内只有被纳入规划草案备选方案中的区域才能进行后续的评估、分析以及公共意见征询等程序，这些被初步确定等待进一步规划制定的区域被称为拟规划出让油气区块区域（Program Area），如图1.25所示。

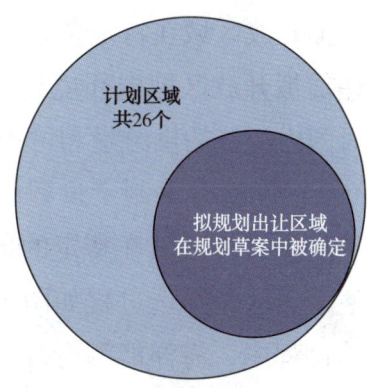

图1.25 拟规划出让油气区块区域和计划区域示意图

规划草案对外发布后，有60天的公众意见征询期，公众意见征询期结束后，海洋能源管理局需要结合公众意见的征询结果，以及新的可能影响海洋油气租赁管理的法律法规内容对规划草案进行修订，同时针对规划区域开展环境影响评估工作。

（3）发布油气租赁五年规划调整方案（Proposed Program）。

海洋能源管理局制定五年规划调整方案一般耗时一年左右，这一过程中，海洋能源管理局需要充分考虑和分析在公布五年规划草案后公众、地方政府及利益相关者对规划草案提出的意见，权衡各方利益修订草案。在调整方案的制定过程中，只能从草案中剔除已纳入拟规划出让油气区块区域，而不能额外添加新的油气区域。如果总统发布相关政令，提出需要增扩油气资源租赁规划区域，则必须重新启动发布信息征集公告，并制定相关规划草案，进行公众信息征集。同时在制定五年规划调整方案的过程中，必须配套完成规划出让区域的环境影响评估工作，进行环保法筛查，出具环境影响声明。

通过对海洋能源管理局对外公开发布的油气租赁五年规划调整方案分析可知,在整个调整方案制定的过程中,海洋能源管理局侧重对计划草案中初步确定的拟规划出让油气区块区域进行细致的分析,并评估各个拟开放的区域内备选出让活动方案所带来的潜在收益,包括对拟开放区域在特定备选出让方案下的可采资源量和油气产量的预估,评估拟开放区域内环境和社会经济成本、拟开放区域油气资源的开发对国内经济的供给量和可预见性收益情况等。

在调整方案制定过程中,海洋能源管理局将评价工作的重点放到了对拟开放区域在特定的出让方案下预期可出让的资源量和产量的评估上,这一筛选过程如图1.26所示。在进行拟开放区域预期产量的评估过程中,海洋能源管理局综合利用区域历史勘探开发活动数据和产量数据,对于像阿拉斯加这样的勘探开发活动相对较少的地区,海洋能源管理局在进行资源、产量评估过程中也将综合考虑全球范围内北极区域油气作业信息等。可见美国联邦政府在进行区块出让规划时,即便对于勘探区块也会从开发前景、产量预测、经济效益、市场价值、社会价值等进行全方位的研究,从而使规划的制定更为客观。

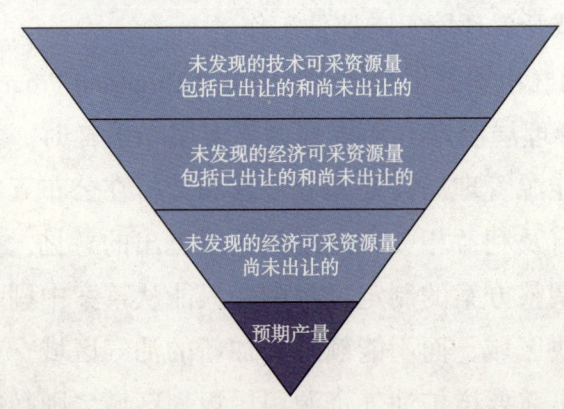

图1.26 外大陆架油气租赁五年规划制定过程中资源评估筛选的概念化流程

以规划有效期内拟出让区域油气产量评估为基础进行开放油气矿权出让净收益的分析是制定五年规划调整方案的重要组成部分。在进行预期经济收益分析的过程中，需要考虑在规划有效期内拟出让区域油气勘探开发带来的净收益、勘探开发相应区域油气资源产生的环境和社会费用以及勘探开发区域内海洋油气资源给国内经济增长带来的盈余情况等。需要强调的是，这一阶段评估规划有效期内勘探开发油气资源的净收益并非单纯指联邦政府因出让油气矿权区块而获得的竞标费和矿区使用费等收益，而是评估因勘探开发区域内油气资源为工业企业、政府和社会带来的综合性收益。

为了能够定量描述产量和收益情况，海洋能源管理局依照高、中、低不同的油气价格假设方案来分析，如应用160美元/bbl、100美元/bbl和40美元/bbl。表1.6为美国联邦海洋能源管理局在制定外大陆架油气资源租赁五年规划调整方案过程中对五年规划有效时间范围五个拟出让区域油气产量的预测情况。对于拟出让区域在规划有效期内产量的估计可视为区域剩余可采资源量的子集，以这一资源量子集进行价值评估更能反映出在五年规划有效时间范围内出让相应区域油气矿权潜在的费用和收益情况。收益和费用的分析评估工作需要考虑每一个拟开放出让区域在不同的出让备选方案下的收益，如表1.7所示。

表1.6 调整方案中拟开放的五个区域产量预测情况

拟规划区域	油，10^6 bbl			气，10^9 ft^3			BOE（百万桶油当量）		
	低方案	中方案	高方案	低方案	中方案	高方案	低方案	中方案	高方案
Beaufort 海	—*	2295	3673	—*	4029	6447	—*	3012	4820
Chukchi 海	—*	1746	2799	—*	1865	2991	—*	2077	3331
Cook Inlet 海	84	209	335	37	93	149	90	226	362
墨西哥湾	2105	3531	5593	5470	12011	22122	3079	5668	9529
大西洋	335	493	739	3444	4923	7509	948	1369	2075
总计	2524	8274	13139	8951	22922	39218	4117	12353	20117

注：低方案油气价格假设40美元/bbl（油），2.14美元/10^3 ft^3（天然气）；中方案100美元/bbl（油）和5.34美元/10^3 ft^3（天然气）；高方案160美元/bbl（油）和8.54美元/10^3 ft^3（天然气）。所有价格方案均为参照2017—2022年间0通货膨胀率调整的价格常数。

* 在该情况下，出于油气勘探开发经济性考虑只评估了勘探工作，未考虑后续开发。

表 1.7 五年规划调整方案制定过程对于出让拟开放区域油气矿权的收益情况

规划区域	规划备选实施方案	净收益，10^9 美元		
		低方案	中方案	高方案
Beaufort 海	优选目标方案，即 2020 年出让	−0.55	49.13	170.43
	2019 年出让	−0.55	49.13	170.43
	不出让	0	23.65	76.32
	Beaufort 海优选方案下收益增量	−0.55	25.48	94.11
Chukchi 海	优选目标方案，即 2022 年出让	−0.2	78.63	186.7
	不出让	0	36.99	79.55
	Chukchi 海优选方案下收益增量	−0.2	41.65	107.15
Cook Inlet 海	优选目标方案，即 2021 年出让	2.31	12.08	26.17
	不出让	1.66	6.44	12.33
	Cook Inlet 海优选方案下收益增量	0.65	5.64	13.84
墨西哥湾	广泛性区域出让方案	56.95	189.41	441.32
	在西墨西哥湾进行出让	12.57	25.21	57.27
	在中部和东部墨西哥湾进行出让	44.37	164.2	384.06
	在 Alabama 州 Baldwin 县沿海设置 15mile 缓冲区	56.95	189.41	441.32
	不出让	42.74	119.47	243.6
	墨西哥湾优选方案下增量	14.21	69.94	197.72
大西洋	安排出让	11.48	35.35	75.26
	不出让	8.15	20.96	38.38
	出让带来收益增量	3.32	14.39	36.88
所有规划区域	按各区域规划方案出让	69.98	364.59	899.89
	各区域不进行出让	52.55	207.5	450.19
	总计收益增量	17.43	157.1	449.7

注：低方案油气价格假设 40 美元 /bbl（油），2.14 美元 /10^3ft^3（天然气）；中方案 100 美元 /bbl（油）和 5.34 美元 /10^3ft^3（天然气）；高方案 160 美元 /bbl（油）和 8.54 美元 /10^3ft^3（天然气）；净现值计算贴现 3%；预计勘探开发活动时，仅考虑在 Beaufort 海和 Chukchi 海低方案下预期勘探活动，在该价格方案下，几乎没有 UERR（经济可采资源量），但油气公司仍会投入勘探，主要出于对油气价格上涨的预期。

各区域对外出让油气矿权带动了相关区域油气勘探开发，而在此勘探开发油气资源的过程中产生的相关收益和费用情况是联邦政府制定出让规划的主要考量因素。海洋能源管理局负责制定各个区域的出让备选方案，最终各个区域的出让备选方案交由内政部长确定。一般各个区域具体出让实施的备选方案在五年规划草案中已对外公布，而在制定调整方案过程中，海洋能源管理局需要结合实际的经济、社会环境变化和公众意见征询的结果对备选方案进行进一步的调整。

由于勘探开发外大陆架油气资源会对环境、经济及利益相关者造成一定影响，因此准备拟开放区域的环境影响声明是五年规划调整方案制定过程中的一项十分重要的工作。环境影响声明是基于对拟开放区域进行详细的环境影响评估而做出的声明性报告文件，一般调整方案都包含环境影响声明。按照规定，海洋能源管理局负责拟开放区域的环境敏感性分析，以往在进行环境敏感性分析时主要考虑潜在原油泄漏风险为沿岸区域带来的影响，而据海洋能源管理局称，在制定最新的油气租赁五年规划过程中也综合考虑了其他一些对于海洋及海岸生态系统的影响，包括对海洋及海岸生物栖息地的影响以及对海洋物种多样性的影响等。海洋能源管理局依照选取的敏感性分析标准结合相关的评价模型对拟开放区域进行环境敏感性分析，分析一般为半定量的打分形式，让公众及利益相关者对拟开放区域的环境敏感性特征有相对直观的认识，而对于选取的评价指标和相关的评价模型，海洋能源管理局均会在环境影响声明中指出。整个环境影响分析及出具环境影响声明的工作由海洋能源管理局承担，而其对环境影响分析的过程及结果受环保部门及公众的监督。

调整方案和环境影响声明草案的制定及对外发布标示着外大陆架油气租赁五年规划在出让区域范围及相关区域出让频次方面均已形成相对完整的框架。后续的公众意见征询及最终方案的确定工作都只能在这一调整方案的基础上进行区域的剔除及相关区域出让频次的调整（只能在调整方案中各区域备选的出让次数基础上减少，而不能增加）。一般，经过规划草案和调整方案的制定过程，联邦政府对公众、地方政府和各级机构提出的大的、重要的意见均已做出了相应的回应，并将重要的意见纳入规划调整工作中。因此，由于前期有效的公众意见征询过程，公布调整方案后，少见公众意见同联邦政府机构在制定规划方案方面有大的意见分歧。

（4）发布油气租赁五年规划最终方案。

规划最终方案（PFP）是制定油气资源出让规划方案的最后一步。在 PFP 中，海洋能源管理局进一步分析、论述了最终确定的出让规划方案，并将阿拉斯加北部 Beaufort 海和 Chukchi 海从对外公布的五年规划拟开放的区域中剔除。究其原因，主要列举如下：海洋能源管理局对规划执行的有效期内油价预期持悲观态度；从发布规划调整方案到发布最终方案不到一年的时间里，上述两个区域内油气钻探活动明显降低，多数钻井作业处于暂停状态，已有油气矿权租约到期后也未能成功延期，如 2016 年 3 月统计在 Chukchi 海区域现存租约数为 434 个，这 434 个油气租约全部都是在 2008 年 2 月对外出让的，而在 2016 年 11 月统计时，Chukchi 海区域有效租约仅剩 1 个，大部分租约都被承租人放弃；意见征询期内，工业企业对上述两个区域内的油气矿权租约的潜在参与兴趣也非常低，加之 2015 年开始 Shell、Statoil 等油气公司相继宣布未来将撤出在阿拉斯加北部地区油气勘探开发作业。尽管阿拉斯加政府和北部斜坡带的一些本土部落对联邦政府开放上述两个区域进行油气矿权出让的活动表示非常支持，但海洋能源管理局综合各方面因素最终建议将上述两个区域从未来五年的出让规划中剔除，以保障国家油气资源在对外出让过程中，能够得到公平合理的回报。以上充分体现美国联邦政府制定油气区块出让规划时密切跟踪研究国际勘探开发市场行情，关注油气投资者的兴趣所在，从而提高了规划的可行性。

海洋能源管理局对外公布的油气租赁五年规划最终方案，须经国会审批后方才生效，一般审批期为 60d。经国会审批的油气租赁计划自批复的生效期起正式生效后，海洋能源管理局按照规划制定的日期组织矿权区块出让。最终，美国联邦海上油气矿权区块 2017—2022 年租赁规划只包含了墨西哥湾中部和西部以及阿拉斯加南部 Cook Inlet 海三个区域。制定的出让实施方案见表 1.8。对比上一份五年规划（即 2012—2017 年），海洋能源管理局在安排出让实施时已将墨西哥湾地区的中部和西部区域合并，在实施方案中仅标注 2017 年和 2022 年在墨西哥湾地区计划各组织一次出让活动，其余年份计划在墨西哥地区每年组织两次，而以往每年组织的两次出让需在中部和西部区域各举行一次。这种合并较以往分开安排的方式为政府和企业参与墨西哥湾地区油气矿权出让提供了更灵活的空间。当然，这一改动给出让活动及组织方式等工作带来的改变和影响，仍需实践考验。但美国联邦政府在实际工作中根据社会经济状况不断尝试调整和优化出让工作的态度值得学习。

表 1.8　2017—2022 年外大陆架油气租赁五年规划最终出让实施方案

序号	拟出让时间	规划出让区域	编号
1	2017	墨西哥湾地区	249
2	2018	墨西哥湾地区	250
3	2018	墨西哥湾地区	251
4	2019	墨西哥湾地区	252
5	2019	墨西哥湾地区	253
6	2020	墨西哥湾地区	254
7	2020	墨西哥湾地区	256
8	2021	墨西哥湾地区	257
9	2021	阿拉斯加南部 Cook Inlet 海域	258
10	2021	墨西哥湾地区	259
11	2022	墨西哥湾地区	261

综上，美国联邦政府在制定海上油气矿权出让规划时是按照广泛收集信息、普遍征求意见、综合系统分析、逐步筛选剔除的方法进行的。主体分三个步骤实施，即制定草案、制定调整方案和确定最终方案。在规划草案过程中广泛而全面地分析了联邦政府所管辖的全部海

域内（划分成 26 个计划区域）油气资源量及其价值——不同区域油气资源量及其价值是联邦政府制定油气出让规划的基础，同时需要兼顾国内及区域性能源市场环境，并据此初步确定拟出让区域。制定规划调整方案实际是对规划草案的进一步分析和修订的过程，在这一阶段，需要对草案中确定的区域进行细致的剖析，将对区域资源量的评估上升到对相关区域在规划有效期内产量的预估，评估在相关区域内进行油气矿权出让而产生的价值增量（同不进行出让对比），同时开展相关区域环境影响评估工作，发布的规划调整方案已经是五年规划的一个相对完整的框架。规划的最终方案，即在规划调整方案的基础上，根据公众意见征询结果、经济、社会变化等情况进行进一步筛选和剔除，对拟开放区域油气产量和收益的评估也会随着对长期油气价格的预期变化而进行调整。需要指出的是，整个油气租赁五年规划制定的过程只能是一个逐步筛选和剔除的过程，出让的范围和频次按照草案、调整方案和最终方案的顺序，只能是一个逐步缩小范围和减少出让频次的过程，每一个后续的阶段都必须建立在前一个阶段性工作的基础之上，这体现了规划制定的谨慎性原则。

美国特殊的矿产资源所有权制度决定了联邦政府有权利且有责任和义务规划政府所属土地范围内油气资源，包括组织油气矿权区块出让以及管理、监督工业企业安全环保地开发利用油气资源，同时在制定油气矿权出让规划的过程中充分考虑多方因素，以国家中长期能源安全为战略高度进行规划，注重与地方政府、公众及相关机构的协商。无论是出让规划的制定，还是后续组织的出让活动，联邦政府都具有绝对的话语权和控制权，政府保留取消或撤回任何出让活动的权利。

1.2.2.2 联邦陆上油气区块出让规划制定的方式和方法

美国油气矿权出让规划是联邦陆上资源管理规划（RMP）中的一部分，同联邦政府所属的海洋油气矿权土地分布不同，联邦政府在陆上所属的油气矿权土地几乎在美国各个州均有分布，主要集中在美国西部，但比较分散。因此，在资源管理规划制定的过程中具体事务由 12 个地区办公室负责完成。目前，联邦土地管理局已经实施网上 ePlanning 的方式统一管理联邦陆上土地资源管理规划的制定工作，将土地资源管理规划按照一定的行政区域划分为不同的项目，每一个资源管理规划项目都是针对计划区域内土地资源综合利用的系统性项目工程，油气矿权区块对外出让的可行性分析只是这一系统性资源管理规划的一部分。进入联邦土地管理局各个地区办公室网站，可以看到每个地区办公室负责区域内目前正在进行和已完成的土地资源管理规划项目，如图 1.27 所示。美国联邦政府将陆上油气区块出让规划纳入整体的资源管理规划，有助于协调不同资源的开发利用关系，总体控制和评估对环境的影响。

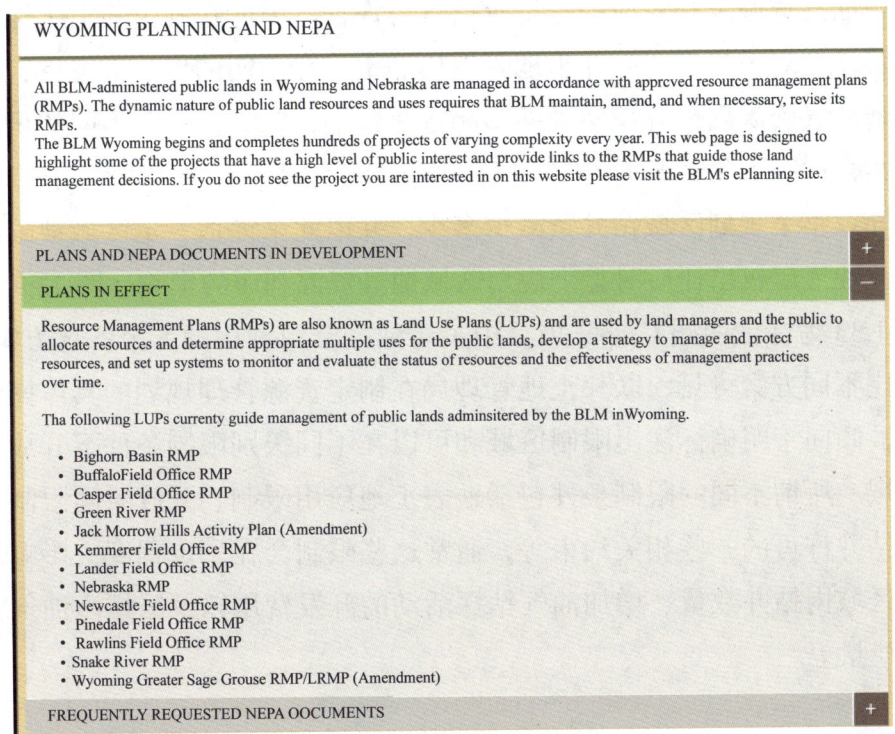

图 1.27　联邦土地管理局怀俄明办公室网站公布的所管辖区域资源管理规划项目

在 ePlanning 的官方网站上，每一个项目（实质上对应着不同的行政管理区域）都可以查看到其规划制定或修订过程的全部相关文件，如图 1.28 所示。与制定整体的海上油气矿权区块出让规划不同的是，美国联邦陆上的资源管理规划是针对一个个小区域制定的全部资源利用规划，以怀俄明州 Casper 地区的资源管理规划为例，从规划草案到调整方案，资源管理规划制定的主管部门也就是联邦土地管理局通过广泛性的土地资源排查工作，针对油气资源的开发和利用，给出若干个不同的方案。但同海洋矿权区块管理不同的是，在陆上油气资源利用规划制定的过程中，主要是标示出哪些区域不能用于油气矿权租赁。美国陆上的土地和矿权所有权十分复杂，一般联邦土地管理局在制定资源管理规划的过程中也难以像海洋矿权出让规划那样实现对可开放区域油气资源及其对应的经济价值进行评估。因此在制定陆上土地资源管理规划过程中，联邦土地管理局侧重于在不同的出让方案下，对未来油气资源勘探开发活动的影响进行预估，比如，针对不同的出让方案，联邦土地管理局预估限制一定区域不能用于油气矿权租赁后，会导致整个规划区域钻井量减少多少，并以此来评估一定区域被限制进行油气矿权出让后对整个规划区域油气资源利用的影响。图 1.29 至图 1.33 为怀俄明州 Casper 项目中关于油气资源利用的 5 个备选方案，对比不同方案可见，联邦土地管理局在制定资源管理规划的具体操作中，倾向于明确标注出限制区域和可以在不同级别限制条件下开放的区域。所谓不同的限制条件包括地表土地应用限制、开放时间限制以及钻井许可的一些相关约束等，通常这些限制会在一定程度上影响规划区域内钻井数量、增加油气钻探活动的开发费用以及区域内油气资源产量等。

第 1 章 ■ 美国政府油气区块出让规划

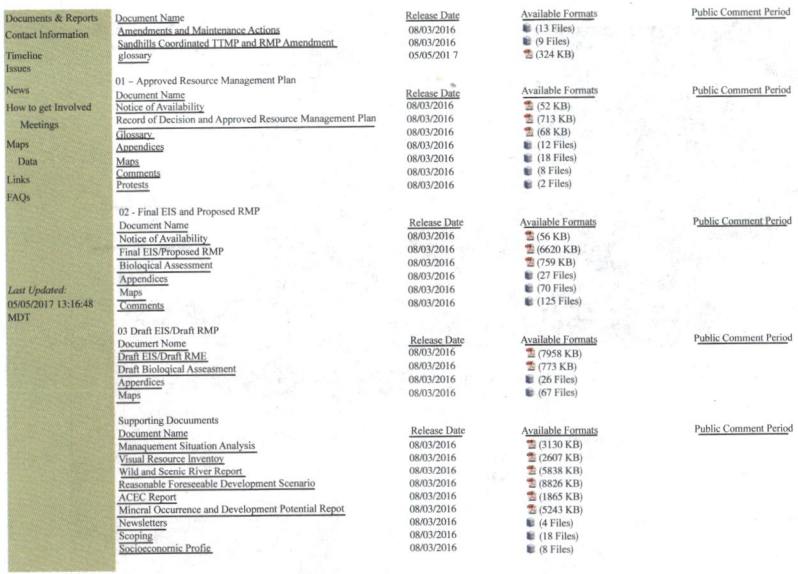

图 1.28　美国联邦陆上怀俄明州 Casper 地区资源利用规划相关文件示例

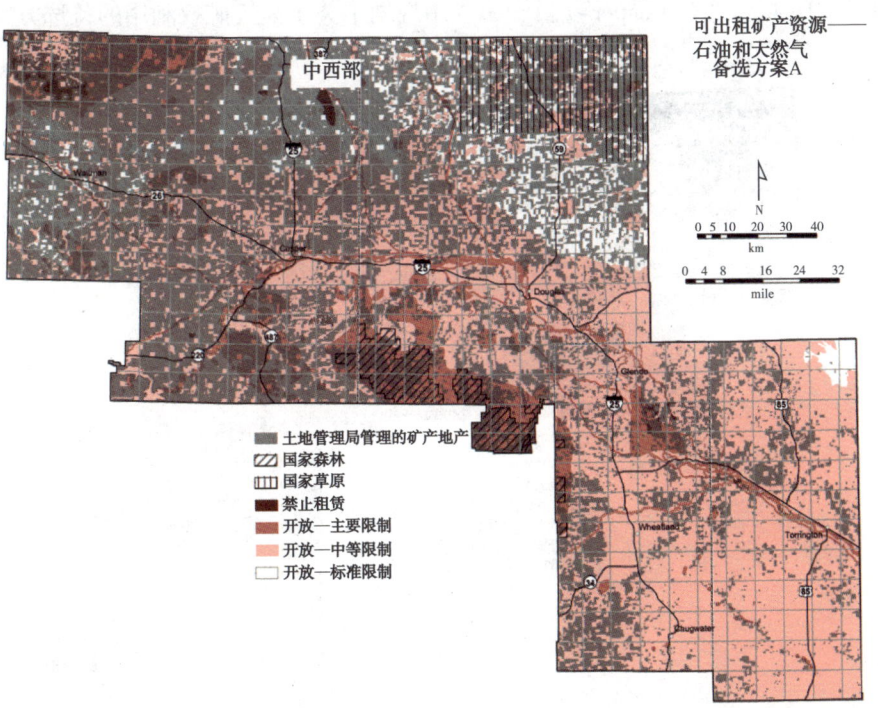

图 1.29　怀俄明州 Casper 项目资源利用规划中关于油气矿权利用的备选方案 A

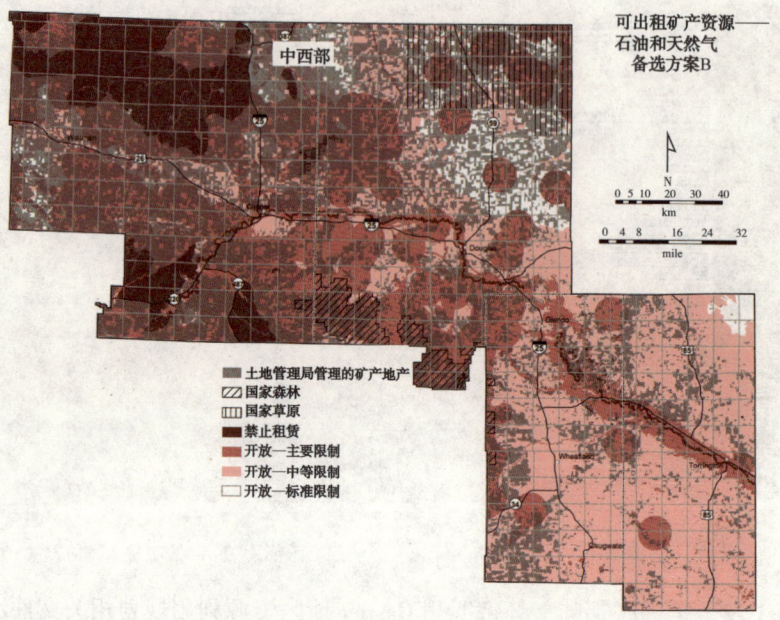

图 1.30　怀俄明州 Casper 项目资源利用规划中关于油气矿权利用的备选方案 B

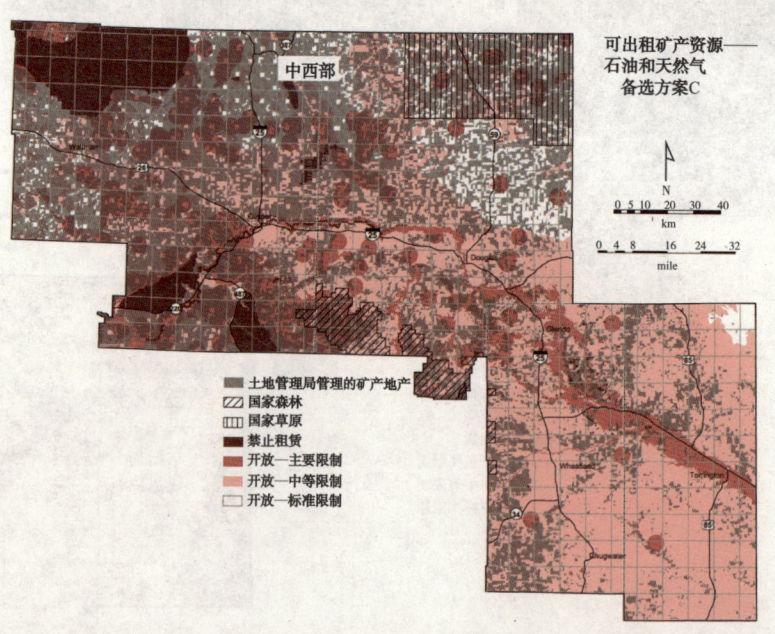

图 1.31　怀俄明州 Casper 项目资源利用规划中关于油气矿权利用的备选方案 C

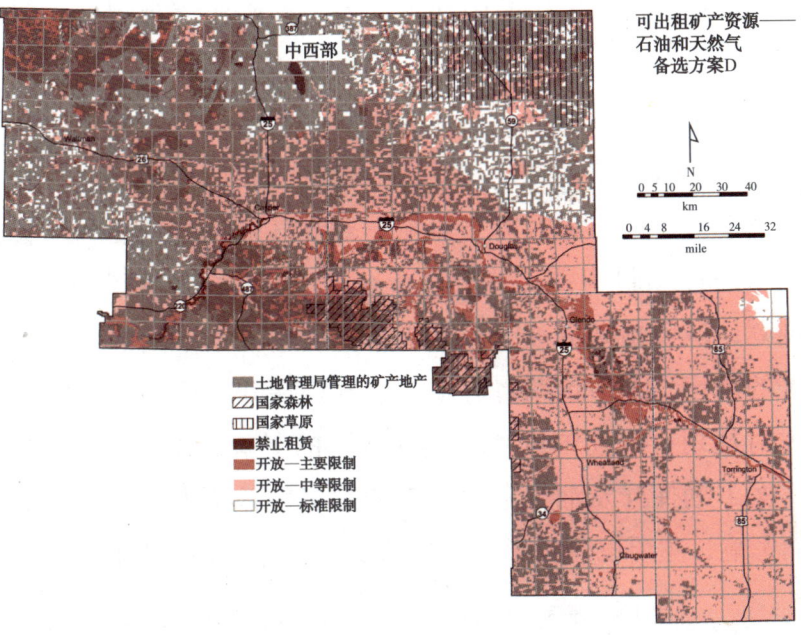

图 1.32　怀俄明州 Casper 项目资源利用规划中关于油气矿权利用的备选方案 D

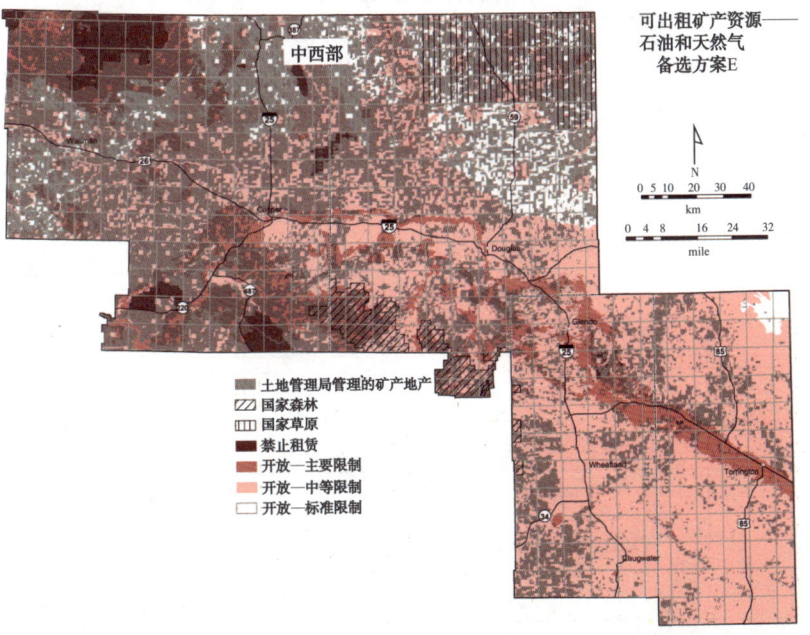

图 1.33　怀俄明州 Casper 项目资源利用规划中关于油气矿权利用的备选方案 E

需要强调的是，比较美国联邦陆上土地资源管理规划中制定的多个不同备选方案并最后优选出一个最佳方案，是联邦土地管理局制定规划的核心思想。这些分析具体包括每一个备选方案对土地资源综合利用（包括地表土地的利用、受影响森林或牧区面积、可开发利用矿产资源情况等）的有益及有害影响。对油气资源的开发利用影响，以上述的 Casper 项目为例，首先分析在没有任何方案约束限制条件下，项目规划区域可预期的油气开发潜力；而后根据不同的备选方案对受限地区的规定，评估预期将有多少油气勘探开发活动受到影响——主要考虑对规划有效期内可预期钻井数量的影响，见表1.9；分析不同备选方案下勘探开发油气资源带来的经济效益（表1.10）以及所产生的负面影响，主要以预计年度碳排放量等环保指标作为标准。

表1.9　不同备选方案对油气资源开发利用活动的影响

		煤层气井	石油、天然气井	总井数
预计钻井数目（2001—2020）				
基础钻井数量		497	1491	1988
备选方案 A	钻井数	467	1356	1823
	较基础钻井数量降低百分比	6%	9%	8%
备选方案 B	钻井数	65	125	190
	较基础钻井数量降低百分比	87%	92%	90%
备选方案 C	钻井数	430	1234	1664
	较基础钻井数量降低百分比	13%	17%	16%
备选方案 D	钻井数	468	1332	1800
	较基础钻井数量降低百分比	6%	11%	9%
备选方案 E	钻井数	469	1345	1813
	较基础钻井数量降低百分比	6%	10%	9%
预计在产井数（2001—2020）				
基础在产井数		487	1189	1676

续表

		煤层气井	石油、天然气井	总井数
备选方案 A	在产井数	458	1081	1539
	较基础在产井数降低百分比	6%	9%	8%
备选方案 B	在产井数	64	100	164
	较基础在产井数降低百分比	87%	92%	91%
备选方案 C	在产井数	421	984	1405
	较基础在产井数降低百分比	14%	17%	16%
备选方案 D	在产井数	459	1062	1521
	较基础在产井数降低百分比	6%	11%	9%
备选方案 E	在产井数	460	1072	1532
	较基础在产井数降低百分比	6%	10%	9%

表 1.10 不同备选方案对油气资源开发利用的经济效益

相应影响	备选方案 A	备选方案 B	备选方案 C	备选方案 D	备选方案 E
年平均收入	89.70	43.60	85.40	88.60	89.20
年平均支出	890.30	599.60	863.20	883.10	887.40
累计支出净现值	8973	6515	8746	8913	8950
年平均就业	2349	1131	2236	2319	2336
联邦政府年平均税费收益	50.10	10.20	47.40	49.80	50.00
州政府年平均税费收益	34.80	25.70	34.00	34.60	35
地方政府年平均税费收益	36.60	27.00	35.70	36.30	36.50

注：价值数据单位为百万美元。

无论是规划草案还是调整方案，都需要对每一个备选方案进行详细的评估和论述，并结合在公众意见征询期内公众意见的反馈结果，对备选方案进行调整，最终完成区域性的综合土地资源利用规划。截至 2016 年 3 月，联邦土地管理局已经完成和正在实施的土地资源管理规划的范围如图 1.34 和图 1.35 所示。

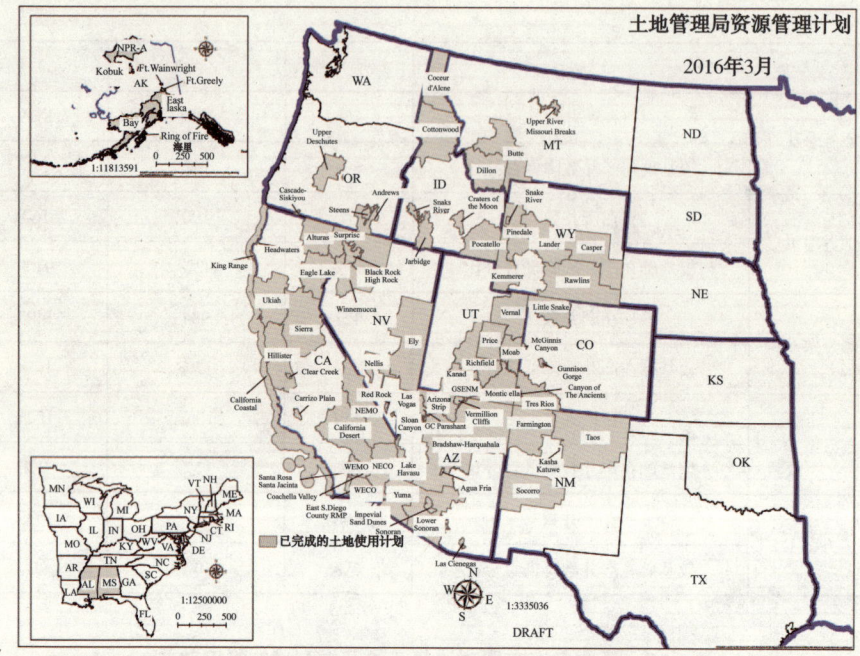

图1.34 联邦土地管理局已完成土地资源管理规划制定的区域

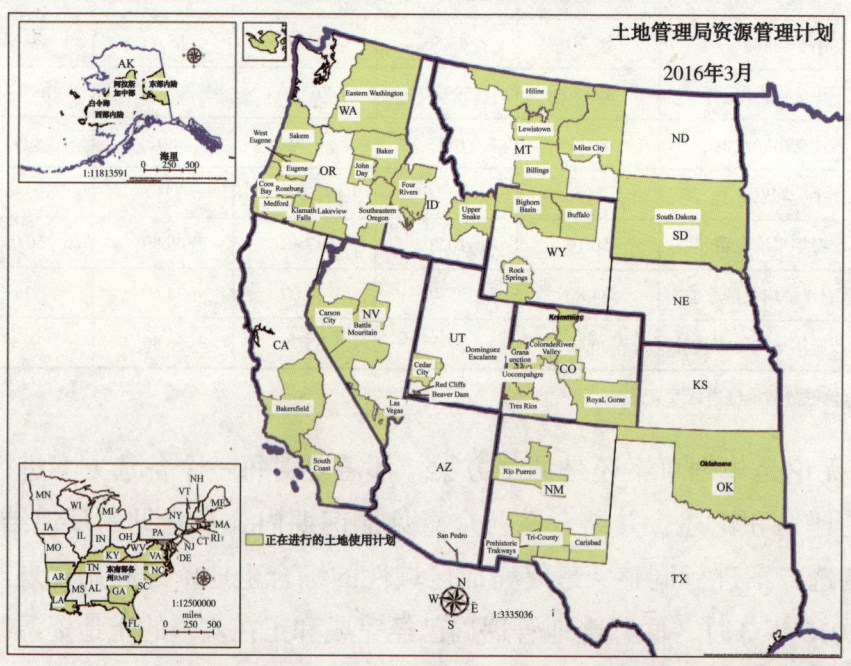

图1.35 联邦土地管理局正在进行的土地资源管理规划制定的区域

要特别注意以下情况：新的资源管理规划可能会对 2000 年之前的资源利用规划的部分内容进行修订。在资源管理规划方案制定或完成修订前，方案管辖区内的油气区块均不得对外出让，换言之，只有在所属资源管理规划方案生效期内的油气区块方能对外出让，因此包含在资源管理规划中的油气区块出让规划是直接决定美国联邦所属陆上油气区块是否能够出让的核心依据。

1.2.3　美国政府区块出让规划制定的其他特点分析

美国政府在制定油气矿权区块出让规划的过程中，对区块的划分主要以行政管理为基础，而不以含油气盆地或构造圈闭作为划分区块的依据。以海上区块为例，美国政府在海上油气矿权出让规划和管理工作中，将联邦政府所属的全部海域范围划分成 26 个区域 Area，在具体组织出让时则是将区块划分成 3 平方英里单位区块，而在规划的过程中无论是资源量的评估还是产量和价值的预测等都是以 Area 作为单位的，这种方式给美国联邦政府在油气矿权区块出让规划的制定和组织中预留出灵活的操作空间。在制定出让规划的备选方案中，政府只是指定相应区域未来可用于区块出让，原则上区域内所有未租赁的区块都可以用于出让。图 1.36 为墨西哥湾地区截至 2017 年 5 月 1 日所有的活跃区块，每一个小的绿色区块就是一个标准的 3mile×3mile 的 tract。

美国联邦政府制定油气矿权区块出让规划的另一个特点是，各级政府机构（部门）分工明确，各司其职。在整个区块规划制定过程中，联邦政府（主要是内政部）具有绝对的主导权和话语权。联邦政府在制定油气矿权区块出让规划过程中的主导权由《外大陆架土地法》和《联邦土地政策管理法》赋予，联邦政府保留撤回一切规划区域的权利；但同时联邦政府制定矿权出让规划的过程必须公开透明，且需要综合平衡各方利益，充分考虑各利益相关者的权益；对于制定出让规划的每一个决定，联邦政府也有责任和义务对公众进行必要的说明和解释。在征询各州、地方政府和相关机构意见的过程中，联邦政府通过提供一个畅通的意见征询渠道收集相关意见和建议。

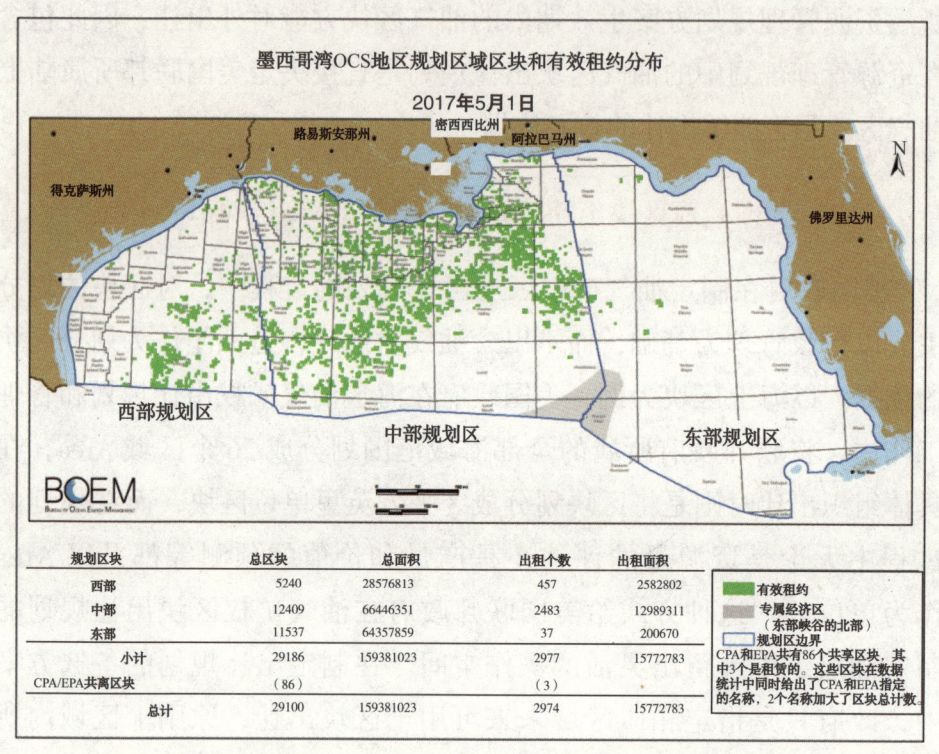

图1.36 墨西哥湾地区活跃租约分布示意图

美国政府制定油气矿权区块出让规划的一个关键特点在于，规划主管部门在制定的过程中需要结合各种经济、社会和环境变化对规划进行适时的调整。美国联邦政府在制定油气矿权区块出让规划，特别是海洋油气资源出让规划过程中，主要衡量和考虑的因素包括油气资源禀赋、国内及区域油气市场环境、联邦政府和相关州政府在开发油气资源过程中经济利益和环境风险的合理性分配或评估、预期工业企业对开放区域潜在的参与兴趣以及油气资源勘探开发同其他资源利用之间的平衡等。在制定规划过程中，油气资源禀赋作为制定出让规划的基础，一般是一个相对稳定因素，而勘探开发油气资源带来的经济和社会价值则会受能源市场环境特别是油气价格等因素影响发生明显变化，因此在制定出让规划过程中，美国联邦政府在预估开放区域资源的经济和社会价值时会充分考虑能源市场环境、油气产品价格以及勘探开发投资等因素。

此外，工业企业对开放区域表现出的潜在参与兴趣也是美国联邦政府制定区块出让规划的一个重要影响因素。近年来，国际油气价格长期低位震荡，美国陆上页岩油气勘探开发火热，虽然地方政府对开放阿拉斯加北部海域区块表现得十分热情，但工业企业对勘探开发环境差、投资风险大的阿拉斯加北部海域的兴趣日趋冷却，迫使联邦政府放弃了未来五年在阿拉斯加北部 Beaufort 海和 Chukchi 海进行矿权区块出让的计划，以保证政府在对外出让油气矿权区块中能得到公平合理的回报。美国联邦政府能够做出这样的决策也是建立在当前及可预见的未来一段时间内，美国陆上油气资源的开发利用能够充分保证美国国内能源供给安全的基础上。

1.3 公众参与美国政府油气区块出让规划的途径和效果

虽然美国特殊的土地和矿权所有制决定了美国油气矿权所有者可以是联邦政府、州政府、企业，甚至是公民个人，矿权所有者具有处置矿权土地的权利。但油气矿产资源的开发利用涉及国家能源安全政策、环境保护、促进经济增长、增加就业等各方利益，联邦政府作为美国最大也是最重要的政府矿权所有者，其在制定矿权出让规划甚至是在管理油气矿产资源开发利用的各个环节上都必须充分征询公众意见（包括各地方政府、企业和公民个人等），进行各方利益的平衡，这也是避免在油气勘探开发过程中产生不必要冲突、保障规划顺利实施的重要途径。

1.3.1 公众参与的主要途径

公众参与美国联邦政府制定油气矿权区块出让规划编制过程有三个阶段、四种途径。根据1.2节中介绍的美国联邦政府制定陆上土地资源管理规划和海上油气资源租赁五年规划的过程可见，公众参与的三个阶段分别是发布制定相关规划后的信息征集期以及规划草案和规划调整方案公布后的两个公众意见征询期，如图1.37和图1.38所示。在此期间，公众可以对矿权出让主管部门制定的出让规划充分表达意见，而对公众意见的收集和分析也是联邦土地管理局和海洋能源管理局在制定和发布的各阶段性矿权出让规划文件中不可或缺的内容。在各个信息征集或意见征询阶段公众参与的主要途径包括正式书信、电子邮件、在线信息征集以及公众听证会等四种途径。需要强调的是联邦政府拒绝匿名信息，参与提交信息和发表意见的公众，无论是地方政府代表（主要是州长）、相关机构、企业，还是普通社会公众，在参与的过程中，必须提交真实有效的个人信息，包括真实姓名及有效联系地址等信息。正式书信、电子邮件和在线信息征集的三种形式适用于各个阶段的意见征集过程，而举行公众听证会仅适用于海上油气资源租赁规划过程中针对环境影响评估的两个阶段。

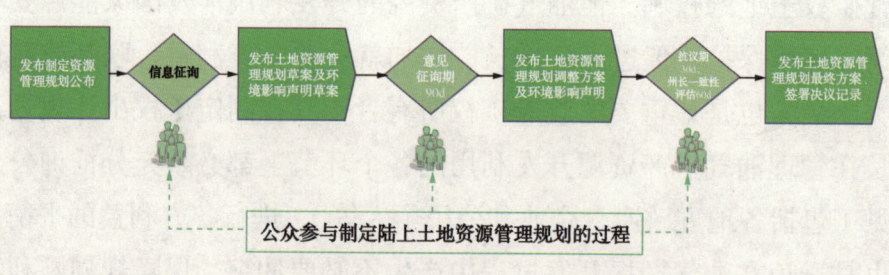

图1.37 公众参与陆上土地资源管理规划制定过程

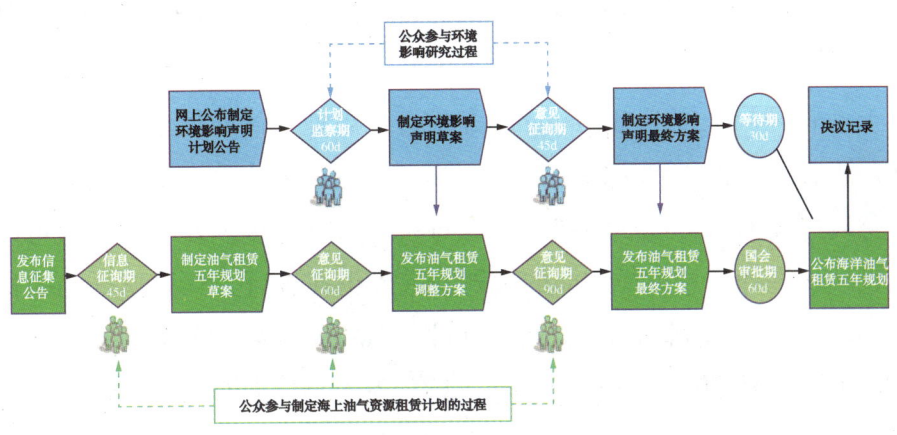

图 1.38　公众参与海上油气资源租赁五年规划制定过程

近年来，美国政府积极推行电子化政务管理，鼓励和推荐公众通过网络进行线上意见提交。Your Voice in Federal Decision-Making 网站是美国公众参与、监督联邦政府制定政策、规定的一个重要平台，该平台作为美国一项电子政务工程创立于 2002 年，目前由美国环境保护署负责管理，公众可以使用该平台查找、阅读联邦政府制定的政策和规定，并在该平台上发表意见[13]。公众就是通过 Your Voice in Federal Decision-Making 网站在线参与美国联邦政府制定海上油气区块出让规划，在公众参与的各个阶段，联邦海洋能源管理局需将意见征询的相关公告公示发布在联邦海洋管理局和联邦公报（Federal Register, https://www.federalregister.gov，隶属于美国国家档案和记录管理局）的官网，并在公告中详细阐述公众参与的途径和方式，引导公众参与油气矿权区块出让规划的制定。公众参与过程中，可以根据各阶段方案文件编号（可在公告中查询）在 Your Voice in Federal Decision-Making 网站特定页面查询规划方案意见征询期的相关信息，包括方案发布日期、公众信息征集截止时间以及公众（包括各地方政府）已递交意见等。

美国联邦陆上油气矿权区块出让规划设计隶属于陆上土地资源管理规划，而土地资源管理规划的制定是一套复杂的系统工程，目前美国联邦土地管理局采用E-planning的方式进行规划设计的信息收集和资料管理，正在进行的土地资源利用规划和已经完成的土地资源利用规划相关信息均可在E-planning的网站上查询[14]，如图1.39所示。公众也可以在线直接查询处于意见征询期的规划，进入正在进行公众意见征询的相关规划方案设计项目页面后，公众可以查询、下载与规划相关的全部方案文件，并按照引导窗格提交相关建议和意见，如图1.40所示。

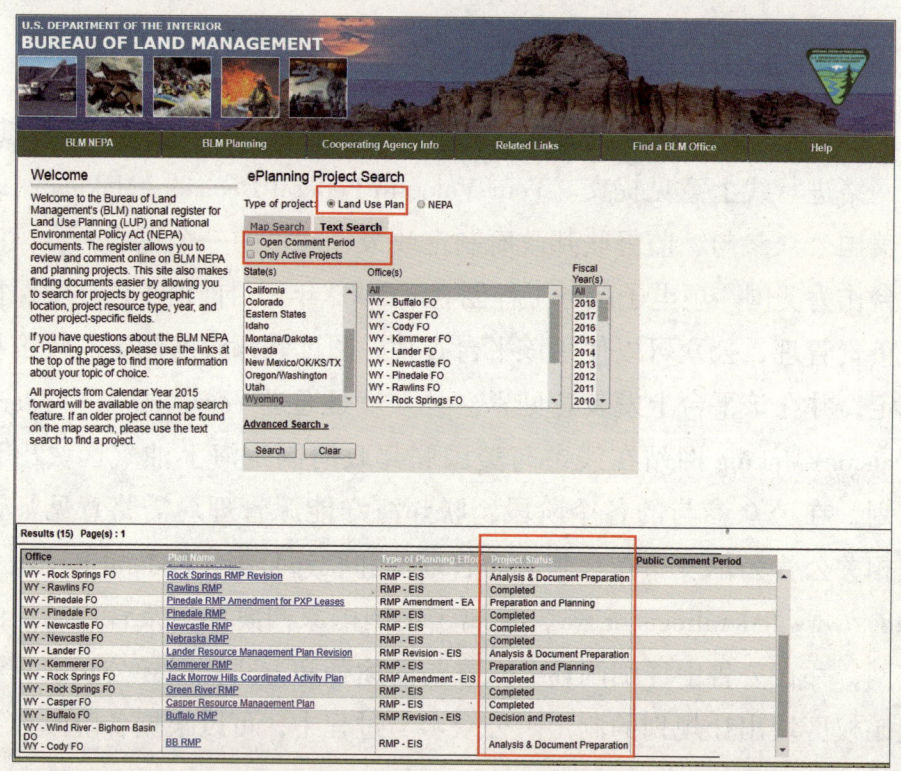

图1.39　联邦土地管理局E-planning网站RMP信息查询示例[14]

而联邦政府在制定海上油气矿权区块出让规划的过程中，联邦海洋管理局会分别在规划草案和规划调整方案对外公布后的两个公众意见征询期内举行公众听证会，主要目的是征集公众对规划中环境影响评估的意见，探讨联邦政府在规划区域进行油气矿权区块出让活动给当地居民带来的环境影响方面的议题，公众听证会由联邦海洋能源管理局与环境保护署的工作人员共同参与，现场收集和处理相关意见，解答相关问题。根据公开资料，美国海洋能源管理局在制定2017—2022年海上油气区块出让规划的过程中累计举行了35次公众听证会，举行的地点为规划区域沿岸的城市或县，如图1.41所示。

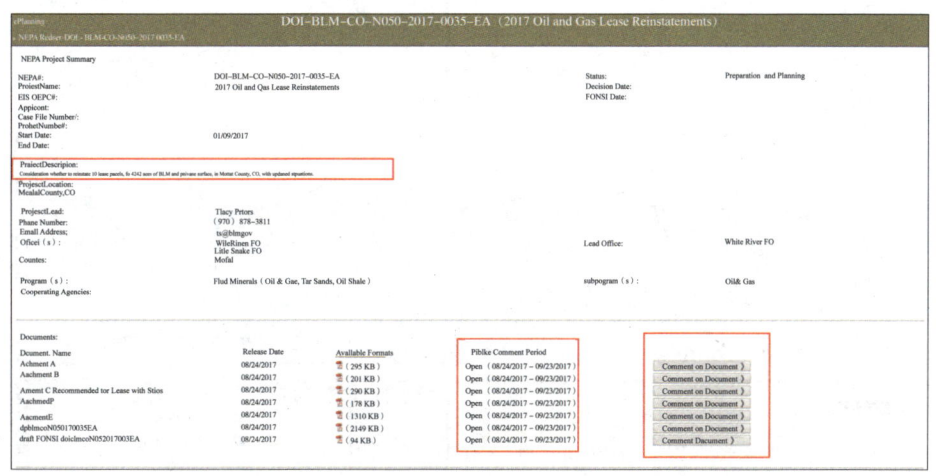

图1.40　联邦土地管理局引导公众进行意见提交示例[15]

在美国政府制定油气区块出让规划过程中公众有多种参与途径，各个阶段进行公众意见征询的时间至少30d，最长可达90d。公开透明的公众参与方式、方便快捷的公众参与途径为美国各类公众的参与提供的基础，提高公众参与的积极性。

1.3.2　公众参与美国政府区块出让规划制定的特点

虽然不同类型的公众参与途径相同，但由于所处的经济、社会环境、代表利益团体的差异性，其参与的过程也会表现出不同的特点，规划制定的主管部门也希望通过不同的公众团体获取最具有代表性的意见。表1.11为美国联邦海洋能源管理局制定外大陆架油气租赁五年规划（2017—2022年）过程中对外发布的信息需求公告。

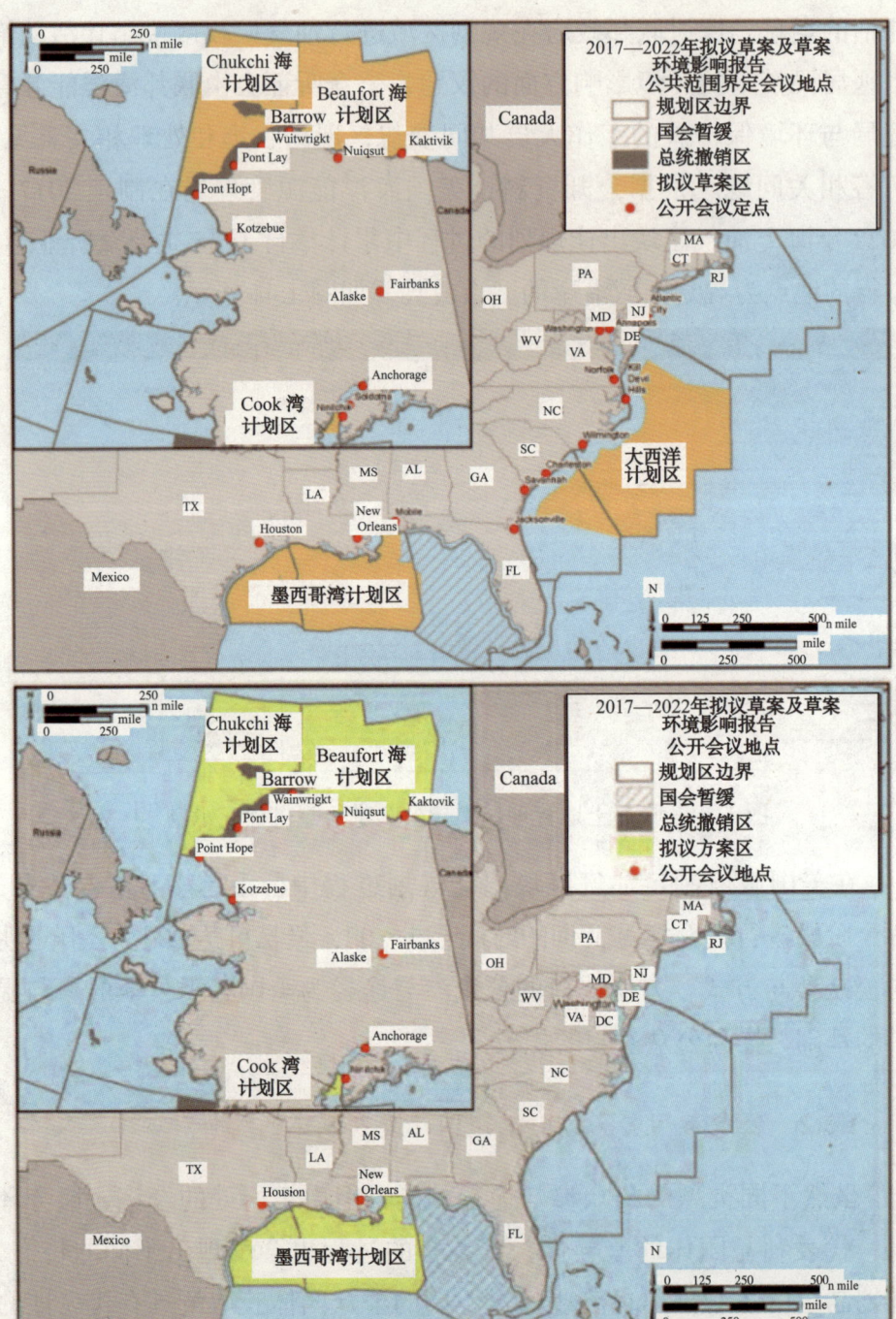

图 1.41　2017—2022 年海上油气区块出让规划过程中举行公众听证会的地点

在制定油气矿权区块出让规划的过程中，美国联邦政府欢迎并鼓励公众针对任何的问题发表意见，但为了提高意见征询的质量，会在规划制定之初即引导不同类型的公众进行有效的信息征集，以期公众能够针对自身的权利和责任提供相对专业的建议。本书主要针对以州政府为代表的地方政府、工业企业、相关联邦政府机构以及社会公众几类，分析美国联邦政府在制定油气矿权区块出让规划过程中公众参与所表现出的特点。

表 1.11 政府制定外大陆架油气租赁五年规划期望公众提供的相关信息 [16, 17]

需求信息类型	面向的主要公众	相关信息
基本信息	任何愿意为制定矿权区块出让规划提供建议的公众（包括个人、企业和各级政府）	一定时期（主要是出让规划实施时间范围内）国家的能源需求，特别是外大陆架油气矿权区块出让活动在国内（指美国）能源安全供给中所扮演的角色
		拟规划出让区域和临近海岸现有地理、地质及生态特征等相关信息
		不同的规划区域公平分享发展利益和环境风险的意见
		计划区域海洋及海底的其他利用，包括渔业、航海、军事活动以及潜在的替代能源设施建设，如风电或电能等
		计划区域相关的环境敏感性信息
		保证以公平市场价值出让矿权区块的方法和程序等建议
公平市场价值相关信息	任何愿意为制定矿权区块出让规划提供建议的公众（包括个人、企业和各级政府）	在墨西哥湾地区持续进行矿权区块出让，租约条款是否需要调整或修改。包括初始租约期、最低竞标贡金报价、租金及矿区使用费费率等
		在墨西哥湾以外的区域进行矿权区块出让，租约条款是否需要调整或修改。特别是针对最低竞标贡金报价和初始租约期，在一些前缘勘探区是否需要设置更大面积的区块来满足勘探需求等
特殊信息	各州政府	联邦政府出让外大陆架油气矿权区块同沿岸各州区域管理、利用间的关系和冲突，同时需要了解海洋油气开发的环境风险和海洋资源的潜在影响等
	工业企业	工业企业可以就在五年规划有效期内最感兴趣的区域，在各个计划区域内期望政府举行出让的频次和时间安排等信息
	商务部	根据相关法律要求，联邦政府在制定油气矿权区块出让规划过程中需要了解出让油气矿权区块与相关州的管理规划间的关系，因此规划制定主管部门需要书面征求商务部长的相关建议
	能源部	规划制定主管部门主要向能源部书面征询关于国家和区域性能源市场的相关信息，包括联邦政府出让油气矿权区块内的产量目标等
	国防部	关于限制油气勘探开发活动的军事区域的图文信息

1.3.2.1 州政府参与的特点

作为联邦制国家，美国联邦政府和州政府具有各自独立的立法、行政和司法权力，在进行油气矿权区块出让规划的设计和管理工作中，联邦政府和州政府保持相对的独立性，但伴随矿权区块的出让，涉及资源的勘探、开发、炼化、运输及销售等油气全产业链的运行，而这些都是建立在矿权区块对外出让工作，甚至是出让规划设计的基础之上的，因此联邦政府在制定油气矿权区块出让规划的过程中，必须充分征询和考虑相关州政府的意见，以平衡各方利益，保证美国能源安全，促进油气工业发展。

在联邦土地管理局和海洋能源管理局制定土地资源管理规划和外大陆架油气资源租赁五年规划的过程中，州政府作为公众参与的重要组成部分，其与社会公众参与最主要的区别在于，联邦政府有责任在每一个公众意见征询期将阶段性规划方案文件主动寄送或发送至相关的地方政府，并正式致函各州州长进行信息征集和意见征询。所谓相关地方政府主要是指规划的区域可能影响到的州的州政府，一般海上区块规划指区块所在海域的沿岸各州州政府，陆上区块规划即区块所在州的州政府。

对于州政府的参与，美国联邦政府在制定陆上和海上油气矿权区块出让的过程中略有差异。对于陆上土地资源管理规划（内部包括油气资源的租赁计划，即区块出让规划）而言，联邦政府只具有在确定发布最终的规划方案之前将相关的规划文件主动寄送给相关州政府的责任，由相关州州长就规划方案与本州的土地资源利用方案进行一致性评估；而海上油气矿权区块出让规划制定过程的三个意见征询阶段，联邦海洋能源管理局均有责任将规划制定的各个阶段性文案主动寄送至相关州的州政府处。最终代表各个州政府提交建议或发表一致性评估意见的为各州州长，或由州长合法授权的相关州政府机构负责人。为了能够充分接收来自各个州政府的建议，在意见征询期内，相关州州长具有申请最长 15d 的延时意见征询期的权利,以保证其对联邦政府制定的规划方案进行全面解读,并根据本州的实际情况充分进行利益权衡,提出建议。

由于陆上油气矿权区块出让的规划是土地资源管理规划的一部分,且陆上油气矿权区块出让规划是将土地划分为一个个管理区域,每一个管理区域都有一份土地资源管理规划,因此在规划制定的过程中,其参与的州政府一般来说只限定在区块所在州的州政府。对于一份土地资源利用规划的制定过程,州政府的参与不具有更广泛的区域性差异特征,因此本书重点分析了联邦政府制定 2017—2022 年外大陆架油气矿权区块出让规划过程中,各个州政府在不同阶段表现出的特点。

美国 50 个州中,有 22 个州沿海。在制定 2017—2022 五年规划过程中的信息征集阶段,有 9 个州的州长表达了希望联邦政府在制定规划草案过程中考虑相关海域,6 个州的州长反对在其所在州临近海域内开展油气勘探开发活动,而剩下的 7 个州的州长未对联邦政府制定油气矿权区块出让规划发表明确的支持或反对意见。在上述五年规划草案对外发布后,只有 10 个州的州长对规划草案中的方案发表了意见,而这一数据在调整方案对外公布后,即最后一个公开的意见征询期,则只有北卡罗来纳州的州长麦克罗里对联邦政府制定的外大陆架油气矿区区块出让五年规划调整方案发表了相关意见。在州这一行政级别涉及的地方政府,除上述的州长会代表本州利益直接对联邦政府制定的油气矿权区块出让规划发表意见外,也有一些州的政府机构会公开提交意见,涉及机构主要是各州的自然资源和环境保护部门。表 1.12 为海洋能源管理局制定 2017—2022 年外大陆架油气矿权出让五年规划过程中相关州的州长及州级政府机构表达相关意见的统计。

表 1.12　美国州政府参与制定外大陆架油气矿权出让五年规划（2017—2022 年）统计

参与的各个阶段	州长	支持/反对/其他建议	相关州级政府机构	支持/反对/其他建议
第一阶段/意见征询	阿拉斯加州副州长	支持	阿拉斯加自然资源部	支持
	加州州长	反对	加州海岸委员会	反对
	俄勒冈州州长	反对	特拉华州自然资源和环境控制部	对环境表示关心
	华盛顿州州长	反对	佛罗里达州环境保护部	谨慎进行
	阿拉巴马州州长	支持	乔治亚州自然资源部	支持
	马里兰州州长	反对	纽约州国务院	谨慎进行
	马萨诸塞州州长	反对	北卡莱罗纳州环境与自然资源部	支持
	北卡莱罗纳州州长	不反对，建议建立更好的收益共享计划	罗德岛环境管理系	对环境表示关心
	北卡莱罗纳州副州长	支持	弗吉尼亚矿业，矿产和能源部	支持
第一阶段/意见征询	南卡莱罗纳州州长	支持		
	弗吉尼亚州州长	支持		
	OCS（OUTER CONTINENTAL SHELF）外部大陆架理事联盟（NC，AK，LA，TX，MS，VA，AL，SC）	支持		
第二阶段/对规划草案的意见	阿拉斯加州州长	尽快开展出让活动	阿拉斯加自然资源部	尽快开展出让活动
	华盛顿州州长	反对	特拉华州自然资源和环境控制部	对气候变化影响的关心
	马里兰州州长	加强环境影响评估	马里兰州自然资源部	加强环境影响评估
	北卡莱罗纳州州长	支持	新泽西州自然资源部	提供海洋钻井活动对物种迁徙的影响
	北卡莱罗纳州副州长	支持	南卡莱罗纳州卫生与环境控制部	缩小大西洋海洋油气矿权区块出让规划的范围
	弗吉尼亚州州长	支持		
	外部大陆架理事联盟（AL，MS，NC，SC，VA）	支持		

续表

参与的各个阶段	州长	支持/反对/其他建议	相关州级政府机构	支持/反对/其他建议
第三阶段/对建议方案的意见	北卡莱罗纳州	加强大西洋海域基础勘探	阿拉斯加自然资源部	增加在北斜坡带的出让频次
			路易斯安那州自然资源部	支持

图1.42为综合三个阶段各州州长及相关的州政府机构递交意见的示意图。图中绿色表示该州支持在其临近海洋进行油气矿权区块出让规划，红色表示该州州长或其同等机构代表该州明确表示反对在该州临近海洋进行油气矿权区块规划。可见，州政府在参与联邦政府制定的油气矿权区块出让规划具有鲜明的地域特色，美国西部太平洋沿岸的华盛顿州、俄勒冈州和加利福尼亚州三个州对于联邦政府在其临近海洋制定油气矿权区块出让规划持谨慎或反对态度；而墨西哥湾沿岸各州、中—南大西洋沿岸各州以及阿拉斯加州等均对联邦政府在其临近海洋进行油气矿权区块出让规划表现出积极的支持态度。

图1.42 美国沿海各州政府对外大陆架油气矿权出让规划意见示意图

美国以州为代表的地方政府在参与联邦政府的油气矿权区块出让规划过程中表现出的特点,主要是受各州经济发展状况及经济结构特点的影响。虽然,在一定程度上联邦政府组织外大陆架油气矿权区块对外出让工作所带来的经济利益和环境风险等会在全美范围内产生影响,但不可否认的是,其最直接的获益方和风险承担者是对外出让的油气矿权区块所在区域的沿岸各州,因此在联邦政府制定油气矿权区块出让规划的过程中,区块所在州(也可是邻近的州)与联邦政府间存在着最直接也是最密切的分享利益和同担风险的关系。联邦政府组织对外出让油气矿权区块会给地方带来包括增加就业、促进基础设施建设和增加税收等诸多直接的益处,而除此之外,美国联邦政府同地方政府就出让油气矿产权益过程产生的包括竞标贡金(Bonus)、矿权租金(Rental)和矿区使用费(Royalty)等直接性收益也通过收益共享协议(Revenue Sharing Agreement)来分享外大陆架油气矿权区块出让的利益。沿海各州政府可以通过与联邦政府分享油气勘探开发收益的方式来补偿本州因相关油气勘探开发活动而产生的经济损失。目前美国有两项法律规定相关的利益分享,分别是《外大陆架土地法》(Outer Continental Shelf Lands Act,OCS Land Act)和《墨西哥湾能源安全法》(Gulf of Mexico Energy Security Act,GOMESA)[18]。《外大陆架土地法》第8条规定联邦政府与沿海各州共享沿各个州海岸线向海延伸 3 n mile 范围内出让的联邦政府所属油气矿权区块收益,联邦政府将收益的27%分享给相关沿海州,可供分享的收益包括出让过程获得的竞标贡金、矿权租金和矿区使用费,该法律适用于美国联邦政府所属的外大陆架油气矿权区块出让活动。《墨西哥湾能源安全法》于2006年颁布,该项法律下相关的收益共享规定仅适用于墨西哥湾地区阿拉巴马、路易斯安那、密西西比和得克萨斯几个州,该法案下沿海外大陆架油气矿权出让过程中的利益共享原则相对复杂,详细的内容见表1.13和图1.43所示。

第1章 美国政府油气区块出让规划

表 1.13 《墨西哥湾能源安全法》共享出让油气矿权所得收益的相关规定[18]

	第一阶段（2007—2016年）	第二阶段（2017年开始）
适用区域	东部规划区 181 区，181 南区，参见图 1.43	中部规划区 181 区，2002—2007 年规划区，参见图 1.43
收益共享方案（Revenue Sharing portion）	1. 2007 年为该收益共享阶段的第一年； 2. 共享的相关收益来自 2006 年 GOMESA 颁布后对外出让的油气矿权租约 3. 收益的 37.5% 分配给墨西哥湾沿岸各州，每个州至少分得该部分的 10%；12.5% 划拨给土地和水资源保护基金（Land and Water Conservation Fund, LWCF） 4. 无最高分配额度限制	1. 2017 年为该收益共享阶段的第一年； 2. 共享的相关收益来自 2006 年 GOMESA 颁布后对外出让的油气矿权租约 3. 收益的 37.5% 分配给墨西哥湾沿岸各州，每个州至少分得该部分的 10%；12.5% 划拨给土地和水资源保护基金（Land and Water Conservation Fund, LWCF）； 4. 该阶段前 40 年，每年联邦政府分配出的收益最高限额 5 亿美元

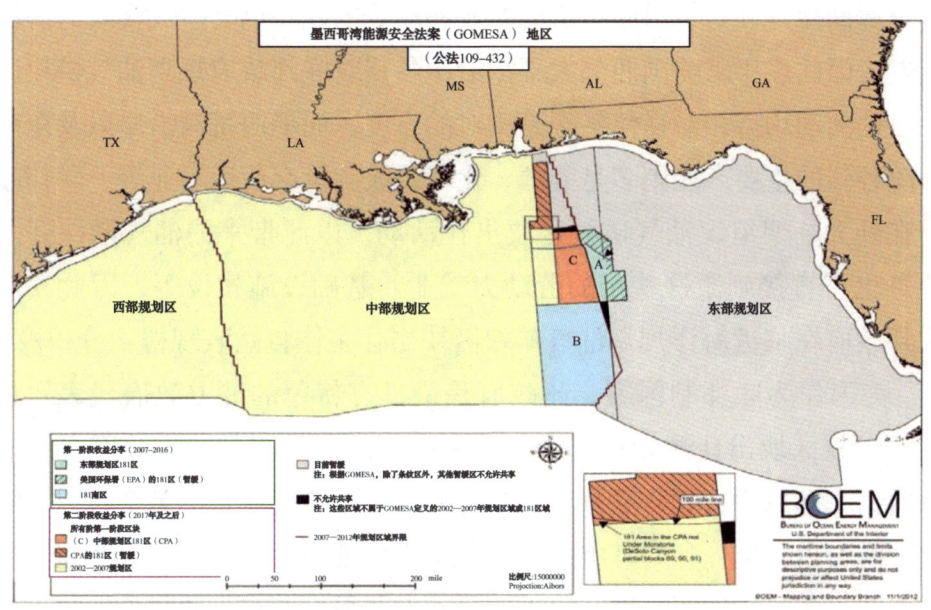

图 1.43 《墨西哥湾能源安全法》收益共享规定适用范围

上述两条法律规定都在一定程度上保证了沿海各州能够在联邦政府出让外大陆架油气矿权区块的过程中与联邦政府在共同承担油气勘探开发带来的潜在风险的同时获得直接的经济性补偿，甚至是经济获益，这些规定有助于缓解沿海各州政府与联邦政府在出让外大陆架油气矿权区块过程中的利益冲突。鉴于对州政府在其中获得的直接性和间接性利益分析，同时考虑各州经济状况和经济结构特点，不难理解图 1.42 所示的地方政府（主要考虑州政府）在参与美国联邦政府制定外大陆架油气矿权区块出让规划过程中所表现出的特点。美国西部沿海的华盛顿、俄勒冈和加利福尼亚州经济发达；华盛顿州和加利福尼亚州的农业、制造业、高科技产业极为发达，波音、微软和亚马逊等世界著名公司的总部均位于华盛顿州；硅谷、好莱坞所在的加利福尼亚州的经济总量更是能够跻身全球经济体前十位；俄勒冈州也是美国重要的高科技中心和金融中心，丰富的产业结构和发达的经济水平使得油气勘探开发业务在美国西部沿海各州经济增长中扮演的角色较弱，同时，海洋油气资源勘探开发对于沿岸城市旅游业和渔业的发展也会造成很大的潜在影响，因此多年来美国西部太平洋沿岸各州对联邦政府规划油气矿权区块出让活动均持相对谨慎甚至是反对的态度。而墨西哥湾沿岸以及东南沿海各州的主要产业则多是能源、化工、航空及交通运输业等，联邦政府在外大陆架组织油气矿权区块出让活动，以此带来的油气勘探开发业务也将直接刺激这些州的劳动力就业、基础设施建设等，因此其对联邦政府在临近海洋规划油气矿权区块出让工作自然表现得十分积极。

美国作为联邦制国家，州政府是最具有特色的地方政府代表。在制定矿权区块出让规划过程中，美国联邦政府重视与地方政府之间的利益共享和风险分担，积极引导地方政府参与规划制定的各个过程，而地方政府也会充分参与其中；完善的法律法规制度能帮助两者在规划制定之初对各自在油气矿权区块出让活动中获得的潜在收益和承担的风险有所预估，地方政府衡量自身的经济、社会条件表现出不同的特点。

1.3.2.2 相关联邦政府机构的参与特点

联邦政府制定油气矿权区块出让规划的主管部门为联邦土地管理局和联邦海洋能源管理局，这两个机构均隶属于内政部。内政部在制定油气区块出让规划过程中，还必须衡量经济、环境、政治和军事等方面的因素，因此其必须与相关的联邦政府机构配合，由相关的联邦政府机构就上述几个重要的方面提出专业的意见和建议。

同州政府类似,联邦土地管理局和海洋能源管理局也需要将各个阶段的规范方案文件主动寄送到相关的联邦政府机构,最终由机构的负责人代表机构提交意见。参与的联邦政府机构涉及国防部、能源部(Department of Energy)、司法部(Department of Justice)、运输部(Department of Transportation)、环境保护委员会(Environmental Protection Agency)等十几个联邦政府机构。各政府机构结合自身所管辖的相关领域对油气区块出让区域进行分析。表1.14为在海洋能源管理局制定海上油气区块出让规划过程中,各阶段不同联邦政府机构参与情况。

表 1.14 相关联邦政府机构参与情况

参与阶段	联邦机构	相关建议概述
第一阶段 / Request for Information	商务部	负责分管海洋与大气局的美国商务部副部长提出建议同海洋和大气局(NOAA)密切配合以充分识别和确认海洋环境敏感性,同时为BOEM提供一些北大西洋地区受保护物种的基础信息,同时强调BOEM在制定规划过程中应充分咨询海洋和大气局、海洋渔业局等部门的专业意见,遵循海洋哺乳动物保护法等
	国防部	助理秘书办公室对内政部制定外大陆架油气区块出让规划表示关心,提出将就内政部制定的规划草案内划定的出让区域进行综合性分析研究,确保国防安全与能源开发的兼容性
	交通部	现阶段没有具体建议
	环境保护署	表示会同BOEM密切配合,为其制定环境影响声明文件提供支持
	海洋哺乳动物委员会	要求限制在北冰洋进行油气勘探开发、从规划方案中剔除墨西哥湾东部白鲸栖息地区域;并针对上述的要求提出诸多具体建议,如广泛性收集基础物理和生物资料,建立独立的科学委员会等
	国家航空和宇宙航行局	对中大西洋计划区域表示关注,并解释油气勘探开发的基础设施建设可能对NASA实施航空航天测试活动产生影响;并提出会为BOEM后续规划工作提供支持
第二阶段 / Comment on DPP	国防部	提供了一份详细的针对BOEM规划草案中划定的区域分析报告(具体报告内容不对外公开),分析其中的军事敏感性区域,并提出与内政部相关机构举行面对面会议对分析结果进行解释
	能源部	现阶段没有具体建议
	国务院	鉴于北冰洋地区与加拿大间的海洋边界问题,要求BOEM在Beaufort海规划区域开展进一步活动前进行详细的咨询,同时充分考虑与其他国家的双边问题

续表

参与阶段	联邦机构	相关建议概述
第二阶段/Comment on 规划草案	交通部	对制定规划方案过程中采取的有针对性定制方法提出肯定
	海洋哺乳动物委员会	要求剔除 Cook Inlet 内与 Beluga 白鲸栖息地重合的区域,建议阿拉斯加北部 Beaufort 和 Chukchi 两个计划区域的出让时间延后,由于该地区受气候变化影响,海洋生物的栖息习惯需要进一步监测等
	国家公园管理局	针对 BOEM 制定的规划草案内的规划区域进行逐一分析,并就保留哪些区域、剔除哪些区域提出具体建议,建议报告文件长达 21 页
第三阶段/Comment on Proposed Program	国防部	对 BOEM 在规划调整方案中指出的尊重大西洋中—南部地区现有开发利用、现有设施应用优先于进行油气勘探开发的考量表示支持;对于调整方案中的规划区域没有提出具体的意见,会继续支持油气规划相关工作
	能源部	能源部对 BOEM 在采取特定保护措施的同时选择资源潜力较大的 Beaufort 海、Cook Inlet、Chukchi 海等地区表示支持,同时也支持将阿拉斯加地区的出让活动排后的做法
	国土安全局美国海岸警卫队	现阶段没有具体建议
	司法部	表示通过咨询联邦贸易委员会(Federal Trade Commission),确定 BOEM 制定的规划调整方案不存在不利竞争影响
	交通部	现阶段没有具体建议
	环境保护署	针对 BP 井喷事故和 Shell 漏油(2016 年)等事件表达了对进行新的海上油气矿权区块出让活动的反对,强调其对海洋生态环境潜在威胁
	海洋哺乳动物委员会	建议剔除 Cook Inlet 区域或至少将 Beluga 白鲸栖息地重合的区域及邻近缓冲地带排除在规划区域外
	国家航空和宇宙航行局	对 BOEM 确定的规划区域没有意见,但提出在 Beaufort 海地区可能对 NASA 福莱特研究试验场存在潜在的影响,但现阶段两项活动影响很小,将持续监测该地区油气勘探开发活动对 NASA 相关活动的兼容性
	国家海洋和大气治理署	减少或排除在 Cook Inlet 区域 Beluga 白鲸栖息地附近的油气勘探开发活动,同时为北冰洋内保护 Bowhead 鲸迁徙路径提出具体建议措施
	国家公园管理局	针对保护海湾岛国家公园,建议考虑将规划区域由海岸线 3mile 开始延伸至 15mile

规划制定的主管部门通过积极主动地向相关机构和部门进行意见征集，可以从多方面获得切实有效的信息，为其制定矿权出让规划奠定了良好的信息基础；此外，向相关领域主管部门进行意见征询，也能帮助主管部门更好地识别其规划的出让区域主要的利益冲突点、重大生态环境问题、存在的安全隐患以及同国家自然资源保护以及国防安全间的协调、兼容发展等问题。通过对对外披露的各个阶段各机构提交信息文件的调研，可以看出各机构对于联邦海洋能源管理局制定的规划也会提出积极有效的建议。

由此可见，美国联邦政府制定油气矿权区块出让规划的过程中与各联邦机构间充分体现了一方主导、多方配合的特点，通过在规划过程中各个阶段主动向各部门征询意见，避免了最终规划方案明显的利益或职责冲突，为后续规划实施提供了坚实的政策保障。

1.3.2.3 企业参与的特点

参与的企业大体可分为两类，能源行业的企业和非能源行业的企业。从历史情况分析，海洋能源管理局制定外大陆架油气矿权区块出让规划的各个意见征询阶段，平均会收到八十至近百份产业界公开提交的相关意见，其中能源行业内企业的建议占全部产业界建议的30%左右。无论是能源行业还是非能源行业的企业，在参与的过程中，既可以单独发表意见、提供建议，也可以以产业联盟的形式联名签署请愿信。

一般在最初信息征集的阶段，企业特别是能源行业的企业大多会表达支持进行广泛性的区域油气区块出让规划，而进入到后面两个阶段的意见征询期时，由于到该阶段已经在规划草案和规划调整方案中对于开放的区域有了更细节的分析和计划安排，企业的关注重点则放在规划区域具体组织出让活动的时间安排和频次等方面。

除对联邦政府制定油气矿权区块出让规划表达支持或反对意见外，一些企业或产业联盟还会为联邦政府提供一些关于技术、经济、社会或环境方面的相关信息，帮助政府做出更合理的规划判断。如在美国联邦政府制定外大陆架海上油气矿权区块出让规划的过程中，关于美国东海岸大西洋海域油气矿权区块的开放一直以来存有争议，如前文所述，虽然东部几个州的州长均在不同程度上表示支持联邦政府在相关地区进行油气矿权区块的出让规划，但是在制定区块出让规划过程中，联邦政府仍需重视该区域内油气资源勘探开发与区域其他产业的协同发展以及对生态和环境的潜在影响等。根据海洋能源管理局的相关决议记录，在该局完成规划草案制定后，国际地球物理承包商协会（International Association of Geophysical Contractors）组织研讨会指导该局工作人员更好地理解地球物理数据采集技术以帮助其更好地评估地震采集技术对海洋生态环境的影响，为规划区域的进一步分析提供了很好的支持。

1.3.2.4 社会公众参与的特点

社会公众参与同地方政府的参与途径没有明显的差异，只是联邦政府在进行各个阶段的意见征询时，会向各个相关的州政府主动致信进行意见征询，而社会公众则更体现出自觉参与的特点。在三个主要的意见征询阶段，公众可以通过多种渠道了解联邦政府制定矿权区块出让规划的相关进展，公众可以在联邦土地管理局、联邦海洋能源管理局、联邦公报以及 Your Voice in Federal Decision-Making 网站查询规划制定主管部门发布的关于公众意见征询的公告，而联邦政府已完成的阶段性规划方案的文件也会一并在相关网站上公布，公众可以访问网站浏览并下载相关文件。

通过政府的引导以及规范的在线信息征集方式，美国社会公众对联邦政府制定油气矿权出让规划的参与度较高。以 2017—2022 年外大陆架油气区块出让规划各阶段公众参与情况为例，三个阶段收到来自社会公众的意见数量分别是 499900、1106095、1259393 份；在参与过程中社会公众主要的关切点集中在开发油气资源对环境和气候的影响、潜在的原油泄漏等安全事故隐患等，支持油气矿权区块出让活动的公众则主要是从社会经济和能源供给的角度提出相关的意见。

在制定油气矿权出让规划的过程中，联邦政府还需要充分征询和考虑特殊群体——印第安人的建议。以制定陆上资源管理规划过程为例，联邦土地管理局为联邦公认的印第安部落政府官员提供了代表其部落发表建议、参与制定资源管理规划的机会，主管部门必须告知各部落如何谏言、参与制定规划以及其建议最终被如何处理等。在同印第安部落协作的过程中，联邦土地管理局除按照《联邦土地政策管理法》（Federal Land Policy Management Act）规定的联邦政府土地利用规划应同印第安部落的土地利用规划相协调外，还应遵循《国家历史保护法》（National Historic Preservation Act）、《美国印第安宗教自由法案》（The American Indian Religious Freedom Act）等对印第安人有特殊保护的法案。通常为了确保征集到有效信息，联邦土地管理局的地方官员需旁听部落会议和访问部落首领，这样面对面的沟通可以有效低减少后续针对一些具体措施或项目进行咨询的时间，而探访也有助于联邦土地管理局的相关工作人员同部落的代表们讨论后续应如何更有效地解决具体问题。在制定油气出让规划的过程中，联邦政府对这些联邦公认的印第安部落的意见征询的处理方式与地方政府和联邦机构类似，即制定规划的主管部门在发布意见征集公告后，向相关的部落官员致信进行信息咨询和意见征集。印第安人事务局每年会在联邦公报（Federal Register）上公布联邦公认的印第安部落名录，在执行具体事物时，联邦土地管理局和海洋能源管理局可针对制定规划的具体区域确定需要征询意见的相关部落。

在某些情况下，原住民利益也由一些半官方的授权组织来授权代理，针对这些半官方的授权组织，联邦政府则不采用对地方政府进行的意见征集方式，其参与形式与普通的社会公众以及公民团相同，更多体现一种主动参与的特点。

1.3.3 公众参与的实施效果

美国联邦政府制定油气矿权区块出让规划的整个过程中，公众的参与度相对较高，政府积极引导公众进行合理、文明的参与，主管部门不断结合新的经济、社会状况和各方意见征询的结果，对制定的方案进行优化和迭代。按照美国言论自由法的规定，无论参与其中的公众是地方政府、联邦机构还是工业企业以及公民个人，均需要对其发表的言论负责，联邦政府不接受公众进行匿名参与，所有提交的相关建议和意见均可在网上查询。而对于政府机构、企业或联名的组织等，其提交意见一般都需要附上由负责人以及全体联名人签字的相关文件附件，如图1.44所示，这一做法在很大程度上保障了公众参与的质量。

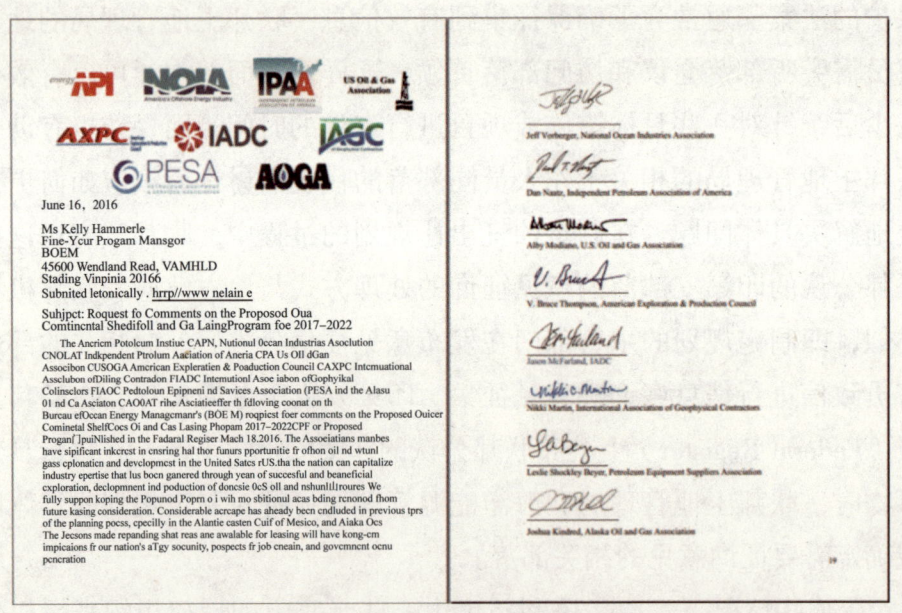

图1.44 公众实名参与油气矿权区块出让规划过程的示例

对于公众意见的反馈方式，美国联邦政府并不会对公众提出的意见进行逐一回复或反馈，但公众提交的意见对于政府制定区块规划具有重要意义，是主管部门进行一步步分析论证、筛查区块的重要基础信息基础。从公开披露的文件看，规划制定的主管部门需要对公众意见进行逐条的审阅并进行综合分析。在规划的草案、调整方案和最终方案中，都会对公众意见征询的结果进行详细的说明，并且会对重要的建议进行逐条列示，有关信息传递的真实性亦可根据相关的文件编号访问 Your Voice in Federal Decision-Making 网站查阅、监督。

制定油气矿权区块出让规划的主管部门联邦海洋能源管理局和联邦土地管理局除在各个阶段性方案中会对公众意见进行集中披露和分析反馈外，还会在主管部门发布规划草案和规划调整方案后的两个意见征询期内举行公众听证会，深入地方现场征集信息并反馈意见。虽然公众听证会的主要目的是为了征集公众对于制定的规划中环境影响评估的意见，探讨联邦政府在规划区域进行油气矿权区块出让活动给当地居民带来的环境影响方面的议题，但制定规划的主管部门也会现场回答公众提出的有关矿权出让规划的任何问题，这也是联邦政府积极反馈公众意见的一种方式。

作为联邦政府制定油气矿权区块出让规划不可或缺的一部分，公众的参与对于主管部门制定油气矿权区块出让规划具有重要意义，在为主管部门制定规划提供众多基础信息的同时，也为其权衡各方利益、保障后续区块出让工作顺利进行提供了良好的保障。

1.4　美国政府油气区块出让规划实施效果

由于美国陆上油气矿权出让规划隶属于土地资源管理规划，而土地资源管理规划的制定和修订是一个相对动态的过程，在内政部部长签署最终的决议记录之时，资源管理规划立即生效，同时相应区域内原有的管理方案失效。但是，对于海上油气矿权出让规划即美国外大陆架油气租赁五年规划而言，规划方案内会特别说明其开始生效的日期，而这一日期虽然不由内政部部长签署决议记录的时间决定，但一般也是上一个五年规划到期之日。

在规划具体实施阶段，美国联邦政府制定的陆上区块出让规划的实施同海上矿权区块出让规划的实施方式大体相同，略有差异。

制定和实施陆上资源管理规划的具体工作均由联邦土地管理局各地方办公室负责，按规定每个地方办公室至少每季度举行一次油气矿权区块出让活动，而在每一次出让活动中，具体出让区块数目和位置则是通过前期区块提名确定的，土地资源管理规划正是为区块的提名提供了整体的框架。根据美国《联邦土地政策管理法》和《矿产资源租赁法》的相关规定，所有出让的区块必须隶属于一份已确定生效的土地资源管理规划，而所有资源管理规划中未限制进行油气矿权出让或有其他特殊限制说明的联邦政府所属的矿权土地均可供出让区块提名，已经对外出让且租约未到期的区块不能进行新的提名。可见，联邦陆上的土地资源管理规划相当于为其组织区块出让活动提供了庞大的区块储备库，矿权出让的主管机构只需要按照规定的频次组织出让工作即可。该具体工作也有一套成熟、完善的流程，且目前美国联邦土地管理局陆上矿权区块已全面采用在线竞标的方式，委托第三方交易平台 Energy Net 完成，最大限度地减轻了政府的工作量，同时也保证了竞标环节的公开、透明。

海上矿权区块出让规划的制定工作由联邦海洋管理局中央办公室统一负责，具体的出让活动则由特定的区域办公室负责。目前美国联邦海洋能源管理局设置墨西哥湾、大西洋、太平洋和阿拉斯加四个区域办公室。此外，由于制定的海上区块出让规划最终方案中已经确定具体规划区域的拟出让时间，见表1.15，因此每一次的出让活动只能在指定区域进行。

表 1.15　美国海上 2012—2017 年和 2017—2022 年区块出让规划

	序号	编号	规划区域	举行年份
区块出让五年规划（2012—2017）	1	229	墨西哥湾西区	2012
	2	227	墨西哥湾中区	2013
	3	233	墨西哥湾西区	2013
	4	225	墨西哥湾东区	2014
	5	231	墨西哥湾中区	2014
	6	238	墨西哥湾西区	2014
	7	235	墨西哥湾中区	2015
	8	246	墨西哥湾西区	2015
	9	226	墨西哥湾东区	2016
	10	241	墨西哥湾中区	2016
	11	237	北冰洋 Chukchi Sea[3] 地区	取消
	12	248	墨西哥湾西区	2016
	13	244	阿拉斯加南部 Cook Inlet 海域	2017
	14	247	墨西哥湾中区	2017
	15	242	北冰洋 Beaufort Sea[3] 地区	取消
区块出让五年规划（2017—2022）	1	249	墨西哥湾地区	2017
	2	250	墨西哥湾地区	2018
	3	251	墨西哥湾地区	2018
	4	252	墨西哥湾地区	2019
	5	253	墨西哥湾地区	2019
	6	254	墨西哥湾地区	2020
	7	256	墨西哥湾地区	2020
	8	257	墨西哥湾地区	2021
	9	258	阿拉斯加南部 Cook Inlet 海域	2021
	10	259	墨西哥湾地区	2021
	11	261	墨西哥湾地区	2022

根据美国联邦土地管理局的官方统计数据，自 1987 年最新修订、颁布实施《联邦陆上油气租赁改革法》以来，截至 2016 年底，美国联邦政府累计出让陆上油气矿权区块面积已达到 1.45×10^8 acre（$58.87\times10^4 \mathrm{km}^2$）[5]，图 1.45 所示为各年度对外出让的油气矿权区块面积。过去 10 年虽然受政策导向、社会经济状况和能源市场环境等因素的综合影响，美国联邦陆上油气矿权区块对外出让的面积有一定程度的降低，但整体上过去 20 年美国联邦政府对外出让的陆上油气矿权面积相对比较稳定，这与其制定中长期资源管理规划、相对稳定的出让制度和流程密不可分。

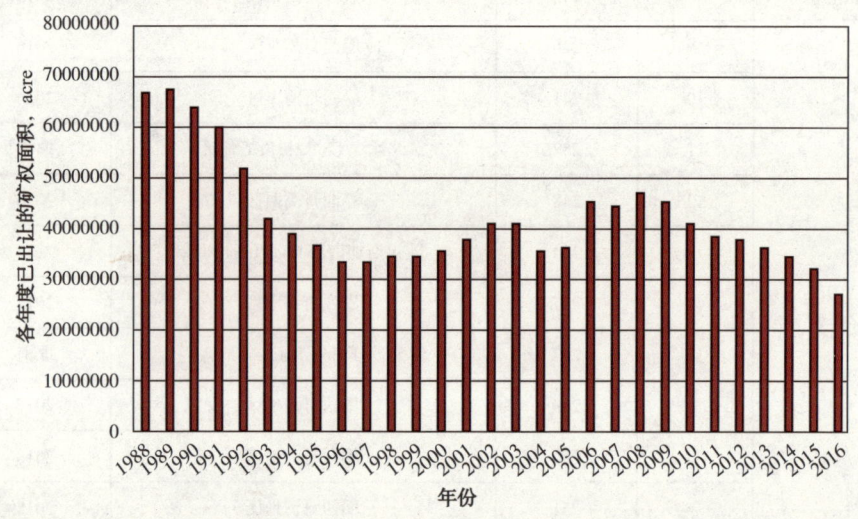

图 1.45　1988—2016 年美国联邦政府各年度对外出让的陆上油气矿权区块面积

联邦政府对外出让油气矿权区块所带来的包括一次性竞标贡金、土地租金以及与油气产量直接挂钩的矿区使用费等收益也是美国联邦政府一项重要的财政收入。根据美国联邦自然资源税务办公室（Office of Natural Resources Revenue）官方统计，自 2003—2016 年的 14 年间，美国联邦政府所属土地内已累计产生与油气矿权区块出让相关的各项收益合计 1420.5 亿美元，其中联邦政府所属陆上油气矿权区块累计产生各项收益 429.6 亿美元，海上油气矿权区块累计产生各项收益 990.9

亿美元。图 1.46 为美国联邦政府所属土地在 2003—2016 年每年产生的同油气矿权出让相关的各项收益合计（竞标贡金、土地租金、矿区使用费等，不包括各种税费）变化情况。从图中可以看出，与出让陆上矿权区块获得的各项收益变化情况相比，出让海上区块获取的收益受油气市场环境影响更明显。美国联邦政府曾在 2008 年通过出让海上油气矿权，区块获得最高达 180 亿美元的相关收益，其中 94.8 亿美元为当年对外新出让油气矿权区块所获得的竞标贡金收益。过去 14 年，通过对外出让油气矿权，联邦政府平均每年可获得收益 101.5 亿美元，其中陆上区块 30.7 亿美元，海上区块 70.8 亿美元。

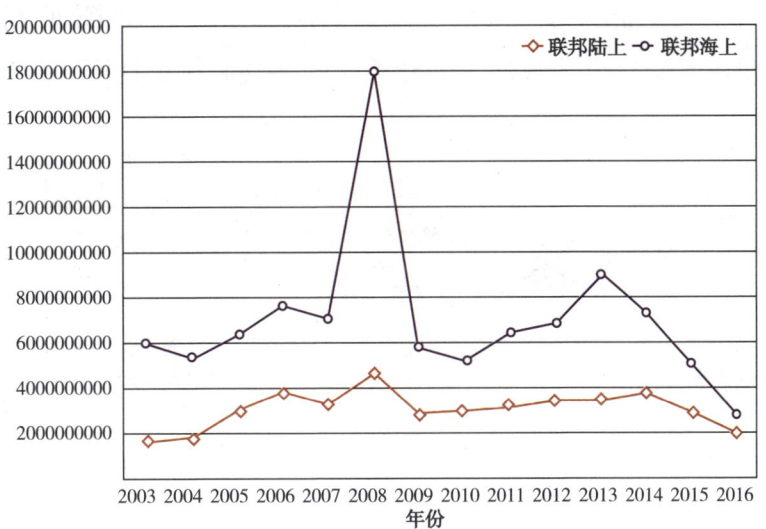

图 1.46　2003—2016 年每年出让油气矿权所得收益的变化情况

图 1.47 和图 1.48 分别为各年度出让美国政府所属陆上和海上油气矿权区块所得的收益中竞标贡金和矿区使用费所占百分比变化情况。从图中可以看出，美国政府持续进行油气矿权区块出让所获收益中最重要的是油气企业获得油气矿权区块后、通过勘探开发油气资源、获得油气产出后所缴纳的矿区使用费。陆上区块的矿权使用费收益在总收益中占比变化平稳，过去 14 年间该比例仅在 72%~86% 间小幅波动。

而同一时期，对外出让海上油气矿权区块所获矿权使用费在总收益中占比波动较大，且竞标贡金收益与国际市场油气价格变化具有很强的相关性。2008年油价达到140美元/bbl的高峰时，由于市场的参与热度提升，美国政府获得的竞标贡金收益也攀升至近年来最高水平——95亿美元，其在总收益中占比一度赶超矿区使用费占比，高达53%。而自2014年国际油价大幅跌落以来，美国政府每年新增的对外出让油气矿权区块面积和所获得的竞标贡金收益都有明显的回落，不难看出其矿权使用费收益虽然也受到一些石油公司主动减产、停产的影响而减少，但不可否认的是其对稳定美国联邦政府整体的通过出让油气矿权区块所获收益仍具有重要的贡献，而这正突显了美国政府制定合理的中长期油气矿权出让规划、公开透明的油气矿权出让程序的作用。

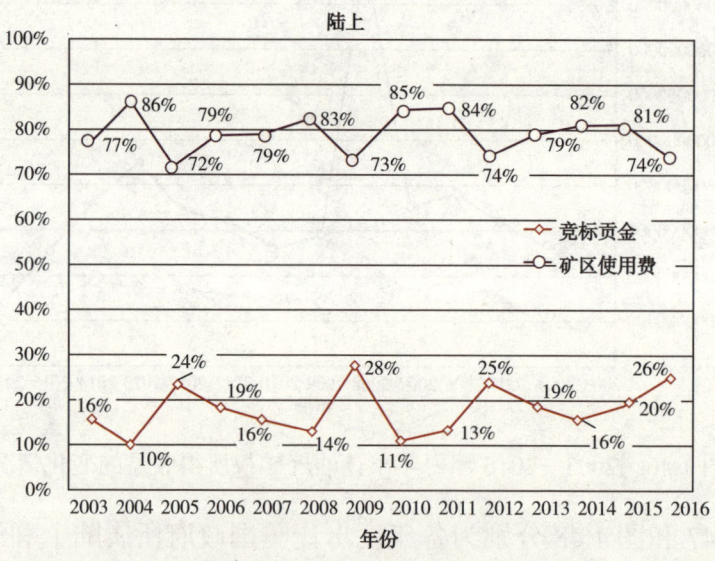

图1.47　2003—2016年美国联邦政府出让陆上区块主要收益占总收益比例

美国政府制定油气矿权区块出让规划的过程中，只规划出大的区域性出让框架，给政府和参与企业都预留出了灵活的操作空间，油气企业可以根据市场环境调节自身的投资策略。如在制定海上油气矿权区块出让规划（2017—2022）的过程中，正是考虑到当期低油价环境、油气企业参与阿拉斯加地区油气区块的兴趣有限等因素,将整个规划前3年拟对外出让的油气矿权区块全部安排在资源环境较好、基础设施完善的墨西哥湾地区,且在规划过程中并没有限制各次出让具体是在墨西哥湾西部、中部或东部的某一个区块,而是仅从区域性上限定在墨西哥湾地区,使政府在具体组织出让时更具灵活性。

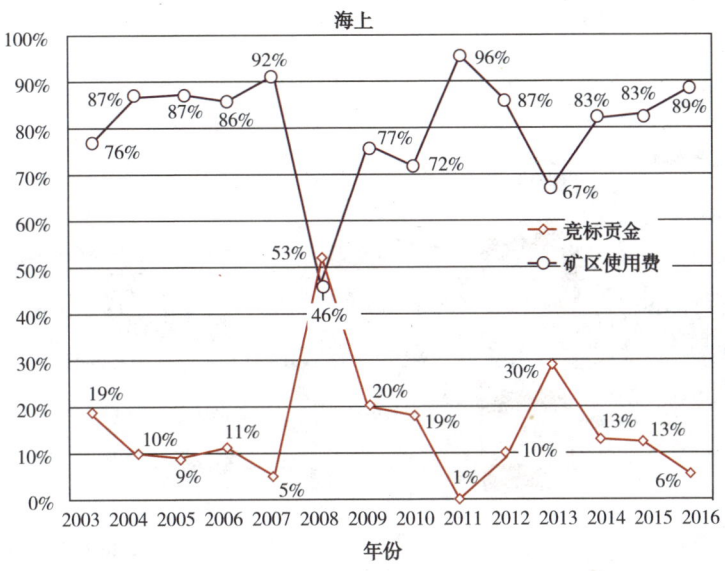

图1.48 2003—2016年美国联邦政府出让海上区块主要收益占总收益比例

制定中长期的油气矿权区块出让规划,除了可以为联邦政府(财政部)带来直接性的竞标贡金、土地租金以及矿区使用费等收益外,也会给区块所在的州(或临海受影响的州)带来很多综合性的经济效益。一方面,无论是陆上还是海上矿权区块的出让均有明确的法律规定联邦政府须与区块所在州政府共同分配收益,另一方面当地经济发展、就业和税收也会因此有显著提升。图1.49为2003—2016年美国政府出让陆上油气矿权所获收益在各州分布情况,怀俄明州和新墨西哥州内联邦政府所属的陆上油气矿权区块出让带来的收益最高,其次是犹他州、科罗拉多州和北达科他州。美国陆上油气矿权区块出让规划虽然隶属于区域土地资源管理规划，但其实施的效果同制定规划区域的资源潜力密切相关。美国政府陆上所属矿权土地在上述几个州分布范围较广，且上述几个州也是美国陆上除得克萨斯州外最重要的产油气州。联邦政府通过出让油气矿权区块也为各个区块所在州带来了直接收益，按照相关法律规定，各项收益的42%将留给区块所在州，用于州内公共事务支出。

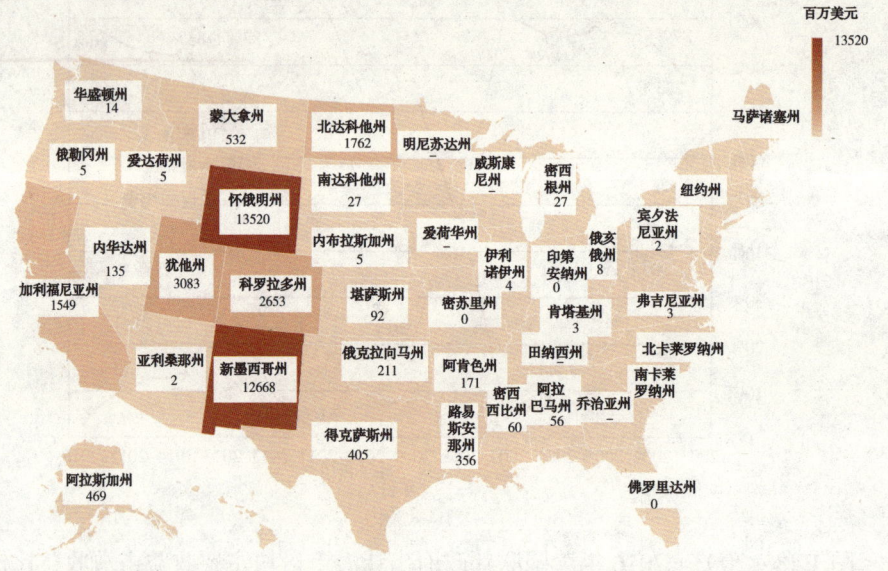

图1.49　2003—2016年美国联邦政府出让陆上油气矿权区块收益在各州分布情况

表1.16为美国政府出让海上油气矿权区块获得的收益直接分配给沿岸各州政府的情况（该收益为累计收益，包括当年对外新出让油气矿权区块以及历史已出让油气区块获得的矿区使用费收益）。即使在近年来油气市场极其恶劣的环境下，每年墨西哥湾沿岸各州依然可以从联邦政府出让的油气矿权区块中获得一定的收益，用于本州公共事务。在制定油气矿权出让规划过程中，美国政府通过与各州政府同担风险、共享收益，使得双方可以在油气矿权出让规划的整体框架基础上，结合能源市场状况，对矿权出让所获得的直接性经济利益有相对

清晰的预估,有利于联邦及各州政府的合理协调并分配相关公共事业支出预算。

表 1.16　美国出让海上区块分配给沿岸各州收益情况(2014—2016 年)

单位:美元

年份	收益分配适用原则	墨西哥湾沿岸地区					阿拉斯加地区
		路易斯安那州	阿拉巴马州	得克萨斯州	密西西比州	佛罗里达州	Alaska
2014 年	8(g)	19466649	3932082	1032760	138274	2188	2519780
	GOMESA	1398632	2258782	493687	1151185	N/A	N/A
	总计	20865281	6190864	1526447	1289459	2188	2519780
2015 年	8(g)	11925900	3998940	528606	94764	0	1957767
	GOMESA	816729	666763	291715	666002	N/A	N/A
	总计	12742629	4665703	820321	760766	0	1957767
2016 年	8(g)	6313683	1537555	134617	51779	0	1064323
	GOMESA	102714	90774	36731	83987	N/A	N/A
	总计	6416397	1628329	171347	135766	0	1064323

除了可以直接为联邦政府和地方政府带来收益外,制定油气矿权区块出让规划、组织对外出让油气矿权区块还有一个最重要的目的,即可以推动政府所属矿权土地范围内油气资源的勘探开发,保障美国国内能源供应安全。此外,美国政府积极推进油气矿权区块出让规划的实施,有利于稳定就业,促进能源行业全产业链的发展。海洋能源管理局在外大陆架油气租赁五年规划(2017—2022)最终方案中指出,考虑到整个行业的投入、政府收益以及工业企业的收益情况,估算2015 年美国联邦政府通过对外出让外大陆架油气矿权区块所带来的相关活动可以稳定美国 50 万人的就业,GDP 增长 480 亿美元。虽然油气勘探开发活动直接相关的产业活动受益者往往是区块所在州,但通过政府的财政投入、工业企业所获得的利润带来的红利却能够使整个国家受益,油气勘探、开发、炼化、运输等各个环节需要大量的大型机

械设备，政府通过实施油气矿权区块出让规划，在一定程度上也可以促进相关制造业的发展。

虽然美国联邦政府制定、实施矿权区块出让规划的结果也会在一定程度上受到不同党派执政方针、政策的影响，但总体上，由于美国政府制定油气矿权区块出让规划具有基础的法律保障，整个制定及实施的过程相对公开透明，受整个社会的监督执行。

第 2 章　加拿大政府油气区块出让规划

2.1　加拿大政府油气区块出让概况

2.1.1　加拿大油气工业总体概况

加拿大位于北美洲北部，其南部及西北部与美国接壤，领土面积达 $998\times10^4 km^2$。作为联邦制国家，加拿大由不列颠哥伦比亚省（British Columbia）、阿尔伯塔省（Alberta）、萨斯喀彻温省（Saskatchewan）等十个省和三个北方地区（育空，西北和努那瓦特）共同组成。

加拿大沉积岩分布很广，包括沿海大陆架在内的沉积岩面积共 $647.5\times10^4 km^2$。产油气层为寒武纪到新生界层，主要是泥盆系礁相碳酸盐岩和白垩系砂岩。根据地理位置和油气地质特点，加拿大可分为三大含油气区、八个重要含油气盆地（图 2.1）[20]，其中阿尔伯塔盆地是最主要的产油气盆地，也是世界著名含油气盆地之一，面积约 $98\times10^4 km^2$。

早在 1861 年加拿大的安大略省就发现了油泉子油田，但直到 1947 年在阿尔伯塔省发现一系列油气田后，加拿大才跻身世界重要油气生产国的行列，油气工业进入大规模发展时期。现阶段加拿大油气工业比较发达，基础设施相对完善，油气产量位列世界前茅[1, 21]。

据《BP 世界能源统计年鉴（2017 版）》估计[1]，2016 年底加拿大石油探明剩余可采储量为 $1715\times10^8 bbl$，约占全球石油储量的 10.0%，仅次于沙特阿拉伯和委内瑞拉，位列世界第三。根据加拿大石油生产商协会（Canadian Association of Petroleum Producers，CAPP）[22]及阿尔伯塔省能源部[23]的数据，阿尔伯塔省油砂探明剩余可采储量为 1660×10^8 bbl，占加拿大石油探明剩余可采储量的96.8%。油砂资源主要分布在阿尔伯塔省的 Athabasca、Cold Lake 和 Peace River 地区[24]，其中 Athabasca 油砂矿是全球最大的油砂矿之一。

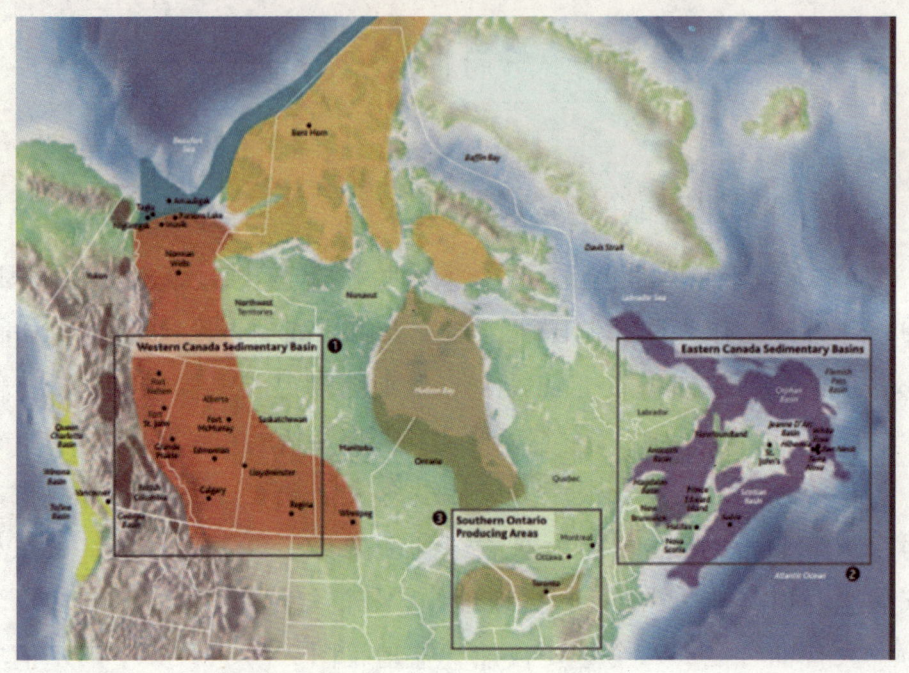

图2.1 加拿大含油气区分布

根据《BP世界能源统计年鉴（2017版）》统计，2016年底加拿大天然气探明剩余可采储量为 76.7×10^{12} ft^3（2.2×10^{12} m^3）[1]，约占全球天然气储量的1.2%，绝大部分集中于西加拿大盆地，另外东部沿海如新斯科舍省、新布伦瑞克省等也有少部分的常规天然气储量。此外，在西加拿大盆地也蕴藏着丰富的非常规天然气资源，如煤层气、页岩气和致密气等。据美国能源信息署（EIA）[21, 25, 26]估计，加拿大拥有 2413×10^{12} ft^3（68.3×10^{12} m^3）页岩气资源量。

自1990年起，因油砂项目和海洋油田的陆续投产以及水平井、水力压裂的广泛应用，加拿大的原油产量出现了稳步增长。2016 年加拿大原油产量达到 446.0×10^4 bbl/d [1]，成为第六大产油国，产量主要集中在阿尔伯塔省、萨斯喀彻温省以及东海岸纽芬兰和拉布拉多、新布伦瑞克及新斯科舍等，其中约有 48% 的产量经管道运输出口到美国，而当年该国的原油消费量为 234.3×10^4 bbl/d（图 2.2）[1]。加拿大石油生产商协会（CAPP）2017 年 6 月发布的《2017 年 CAPP 原油预测、市场及运输》[27] 预计到 2030 年加拿大石油产量将达到 512×10^4 bbl/d，来自油砂项目的合成原油产量将达到 367×10^4 bbl/d（图 2.3），占石油产量的 71.7%。据加拿大石油生产商协会 2017 年 7 月发布的《加拿大石油上游工业统计手册》(Statistical Handbook for Canada's Upstream Petroleum Industry)[28] 统计，截至 2016 年底，加拿大油砂累计产量为 112×10^8 bbl，仅占加拿大油砂探明剩余可采储量的 6.7%。虽然加拿大油砂产量在不断增加，但就目前而言其开发程度仍处于非常低的状态（图 2.4）。

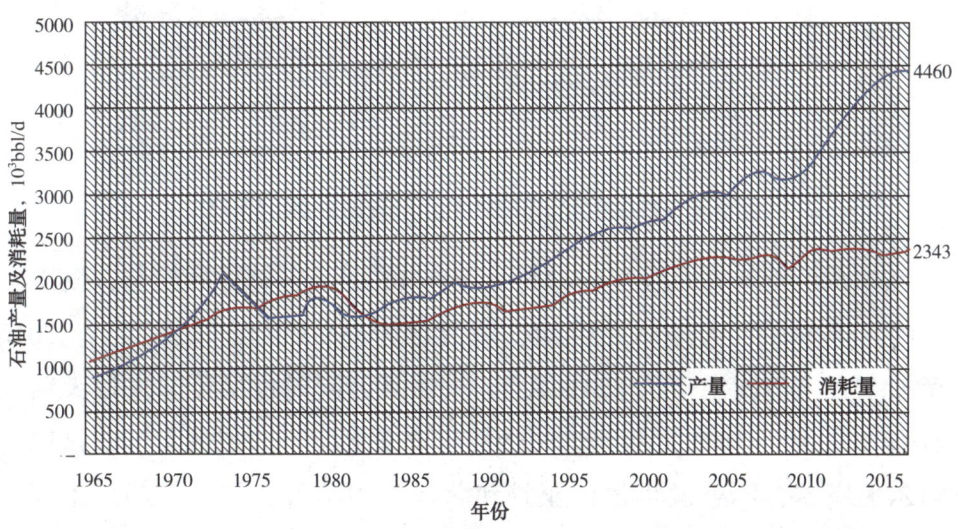

图 2.2　加拿大历年石油产量及消耗量

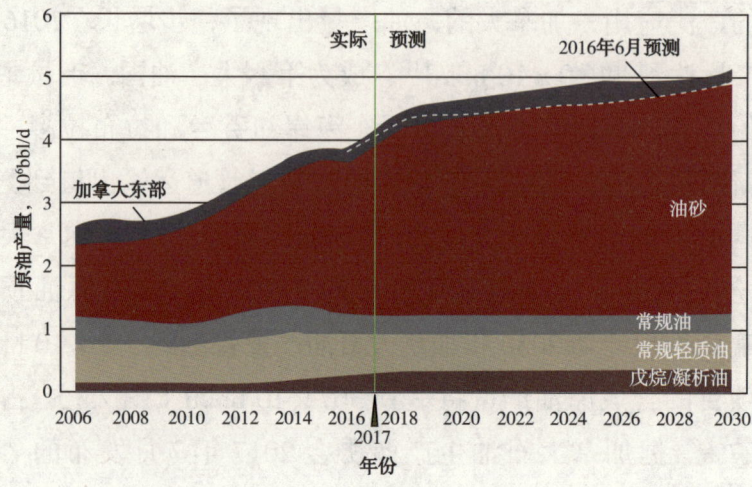

图 2.3　加拿大各类原油产量情况及预测（数据来源：CAPP）

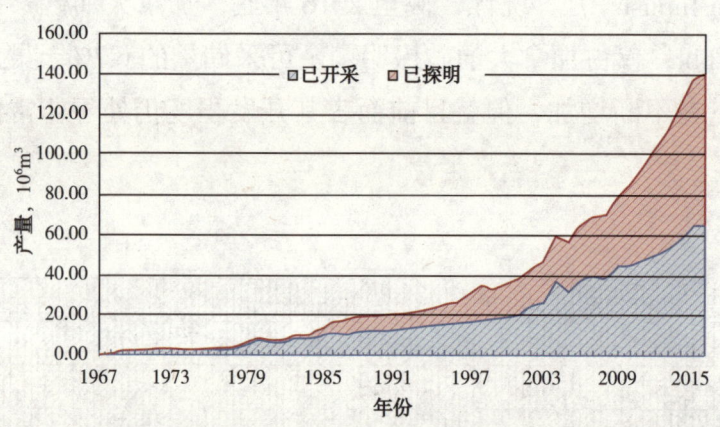

图 2.4　加拿大油砂历史产量（数据来源：CAPP）

2016 年加拿大天然气产量为 $1520\times10^8m^3$，居世界第五位，仅次于美国、俄罗斯、卡塔尔及伊朗；消费量为 $999\times10^8m^3$（图 2.5）。2016 年加拿大向美国出口了 $824\times10^8m^3$ 天然气，同时也从美国进口天然气 $219\times10^8m^{3\,[1]}$。加拿大的天然气产量主要来自位于西加拿大沉积盆地的阿尔伯塔省、不列颠哥伦比亚省和萨斯喀彻温省，除此之外，还有一部分产量来自新斯科舍省（Nova Scotia）海上气田。近几年加拿大常规天然气产量一直在下降，而非常规天然气的产量一直在上升。加拿大已规划建设多个 LNG 外输终端，亚洲及欧洲是北美 LNG 出口项目的目标市场，当前有 20 个 LNG 项目正处于不同程度的前期开发和规划当中[29]。

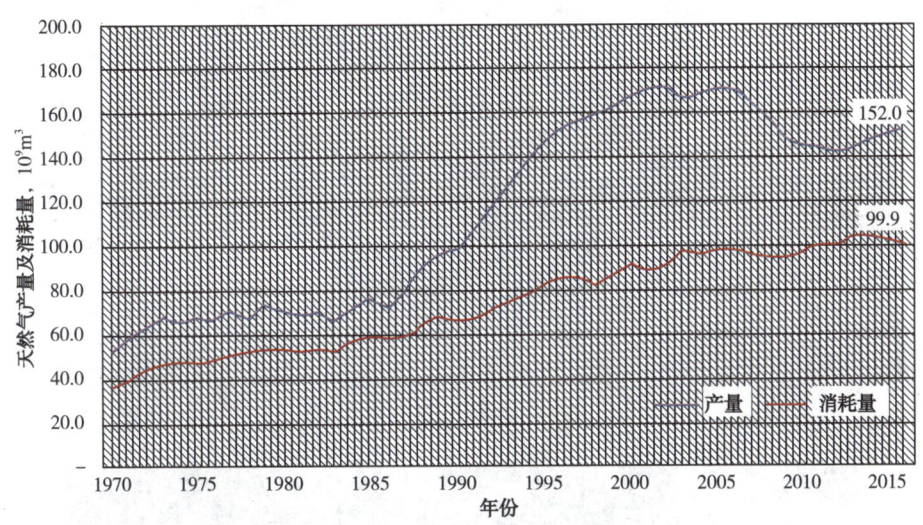

图 2.5　加拿大历年天然气产量及消耗量

加拿大油气管道系统开放、发达，同美国的管道系统形成统一的体系（图 2.6、图 2.7）。加拿大西部地区拥有该国最大的管道系统。省际及国际管道主要由加拿大国家能源委员会（NEB）监管运营，省内管道由各省监管[30]，其中阿尔伯塔省油气管道总长度为 431000km[31]，由阿尔伯塔能源监管机构监管，不列颠哥伦比亚省的 43000km 油气管道由天然气委员会监管。国际管道主干线由 Enbridge、Kinder Morgan、Spectra 和 Trans Canada 四大管道公司经营，形成合作竞争兼备的关系。

铁路也是加拿大石油运输的主要方式之一。北美的铁路网络十分广泛，几乎连接了整个大陆的所有主要城市和港口。铁路运输不仅弥补了油气管道的不足，也作为一种原油运输模式加剧了管道的竞争，从而为油气区块的勘探开发提供了更多选择。

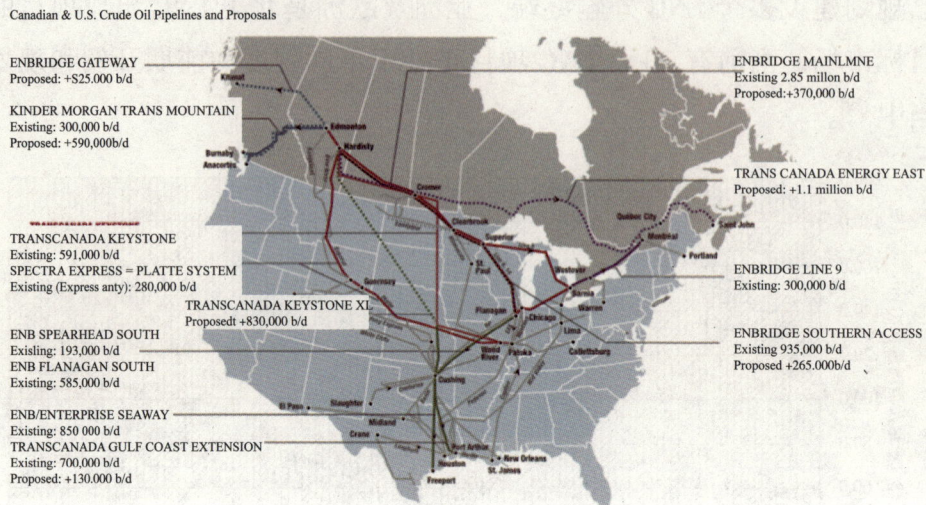

图 2.6　加拿大原油管线图

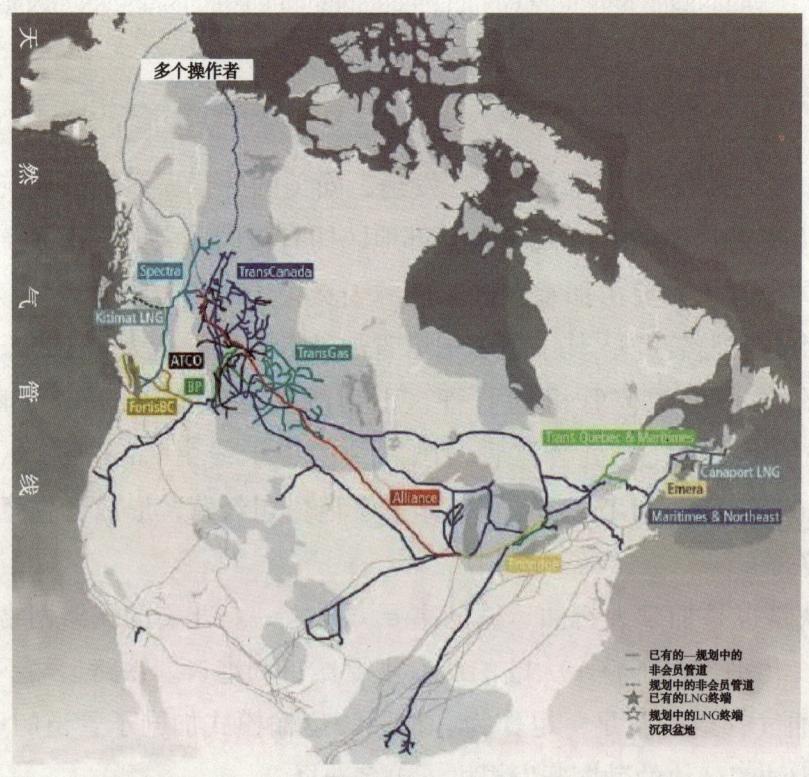

图 2.7　加拿大天然气管网图

加拿大炼化厂也是一个开放的体系，可以彼此竞争地为油气生产者服务，原油购买程序及价格比较透明。炼厂主要集中在阿尔伯塔、萨斯喀彻温、安大略、魁北克与大西洋沿岸。根据加拿大石油生产商协会2017年数据，加拿大16个炼油厂总原油处理能力约$190×10^4$bbl/d[27]。

总之，加拿大政局稳定，法制健全，市场体系和社会信用体系发育完善，油气管道、炼油厂等重要油气业务基础设施发达，管理体系开放，运营主体已形成多家竞争的局面，按照公开透明的程序向油气公司开放，这些都极大地方便了中小公司投资油气业务。

其中，油气大省—阿尔伯塔省建立了完善的油气工业基础保障体系，形成了全面开放、规范竞争的格局，为政府区块出让创造了良好的社会依托和条件。阿尔伯塔省和不列颠哥伦比亚省油气产区地势平坦，交通、电力、油气管网等设施完善，石油勘探开发活动十分活跃，勘探开发技术先进，相关人力资源密集，行业专业化分工程度极高，储量评估、生产管理、工程施工、运营监督以及油品销售等各环节均有各类专业化公司协作参与，行业标准齐全，操作程序规范。

综上，阿尔伯塔省在加拿大的油气工业中占据举足轻重的地位，油气产量均占加拿大全国油气总产量的50%以上，油砂储量更是占据加拿大石油探明剩余可采储量的96.8%，油气储量和产量均处于绝对优势地位，因此本书的重点是阿尔伯塔省的油气区块出让规划。

2.1.2 加拿大政府开放区块来源概况

加拿大是一个油气技术发达、政策法规健全的国家，其油气市场环境自由、公开、透明。作为君主立宪制国家，油气矿权绝大多数由联邦或省政府持有，这部分矿权被称为皇家矿权；而由私人或公司持有的油气矿权则称为私有矿权。如在阿尔伯塔省，省政府持有省内81%的油气矿权，其余19%的油气矿权则由联邦政府和私人或公司持有。不列颠哥伦比亚省政府持有省内94%的油气矿权。政府出让的绝大部分油气勘探和开发权益，都是通过公开竞标的方式出让的，竞标者通过政府举行的公开竞标获得油气权益。

加拿大油气资源主要集中在西加拿大盆地的阿尔伯塔省、萨斯喀彻温省和不列颠哥伦比亚省等地，陆上油气区块出让也主要集中这些地区。从 2016 年阿尔伯塔省、不列颠哥伦比亚省及萨斯喀彻温省出让的陆上油气区块面积及贡金统计结果来看（表 2.1），阿尔伯塔省出让的油气区块协议类型以勘探许可居多，占该省总出让面积的 55%。2016 年阿尔伯塔省油气区块出让总面积为 9809km^2，占三省合计的 82.5%，贡金占三省合计的 68.4%。由此统计来看，阿尔伯塔省出让的区块面积最多，且出让的协议类型以勘探许可为主[28]。

表 2.1 加拿大 2016 年油气区块出让统计表

	协议类型	面积 km^2	贡金 加元
阿尔伯塔省	租约	3941	57457142
	勘探许可	5426	79326251
	油砂许可	441	11779836
	小计	9809	148563229
不列颠哥伦比亚省	租约	77	3851898
	许可	0	0
	钻井许可	889	11338121
	小计	966	15190019
萨斯喀彻温省	租约	840	33892361
	许可	0	0
	钻井预定	277	19600752
	小计	1117	53493113
合计		11892	217246361

加拿大海上油气勘探开发始于 1959 年，1992 年位于新斯科舍省海上的 Cohasset 和 Panuke 油田商业化生产，1997 年 11 月，纽芬兰和拉布拉多海岸的 Hibernia 油田开始生产。本书中主要调研了东海岸新斯

科舍省近几年的海上油气区块公开出让情况。该省海上的油气资源由加拿大联邦政府、新斯科舍海洋石油委员会及新斯科舍能源部共同主管,油气公开出让工作由新斯科舍海洋石油委员会主管。近几年新斯科舍省成功出让的油气区块多为勘探区块,可分为近海及深海两类,深海区块要求竞标者有十年深海作业的经验。图2.8中标注数字的红色区块为2016年公开出让的区块,但因均未成功出让将其调整至2019年的公开出让规划中[32](图2.9)。

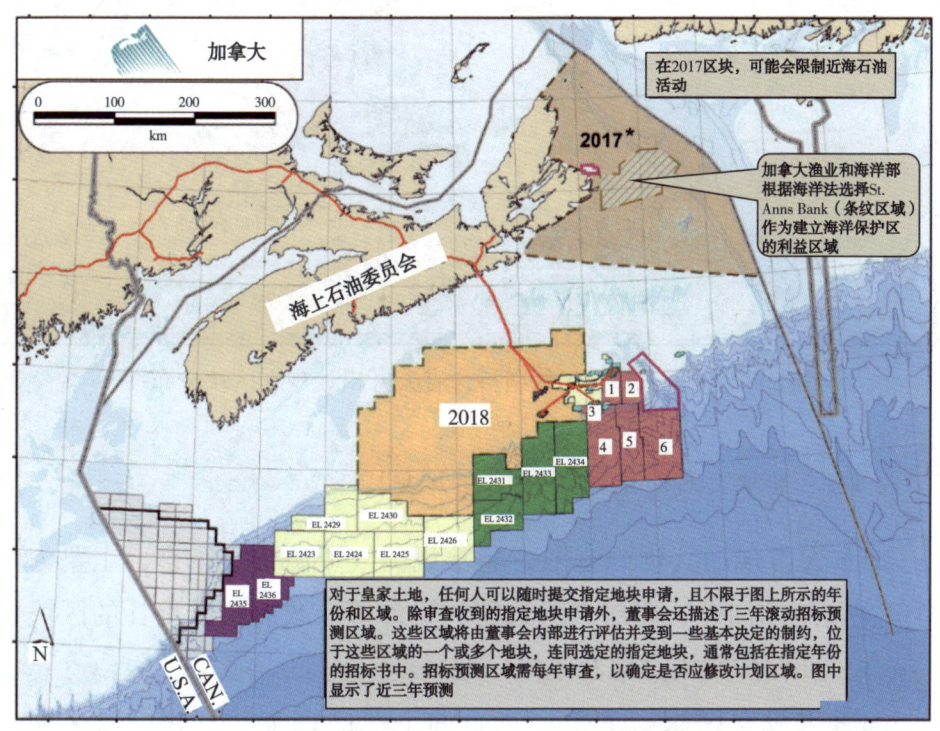

图2.8 2016年新斯科舍省海上公开出让规划区块分布图

综上所述,加拿大政府公开出让的油气区块都来自各省政府及联邦政府,出让区块面积及获取的收益贡金均以阿尔伯塔省居多,阿尔伯塔省出让的油气区块协议类型以勘探许可为主;东海岸新斯科舍省海上油气区块的出让也以勘探项目为主。

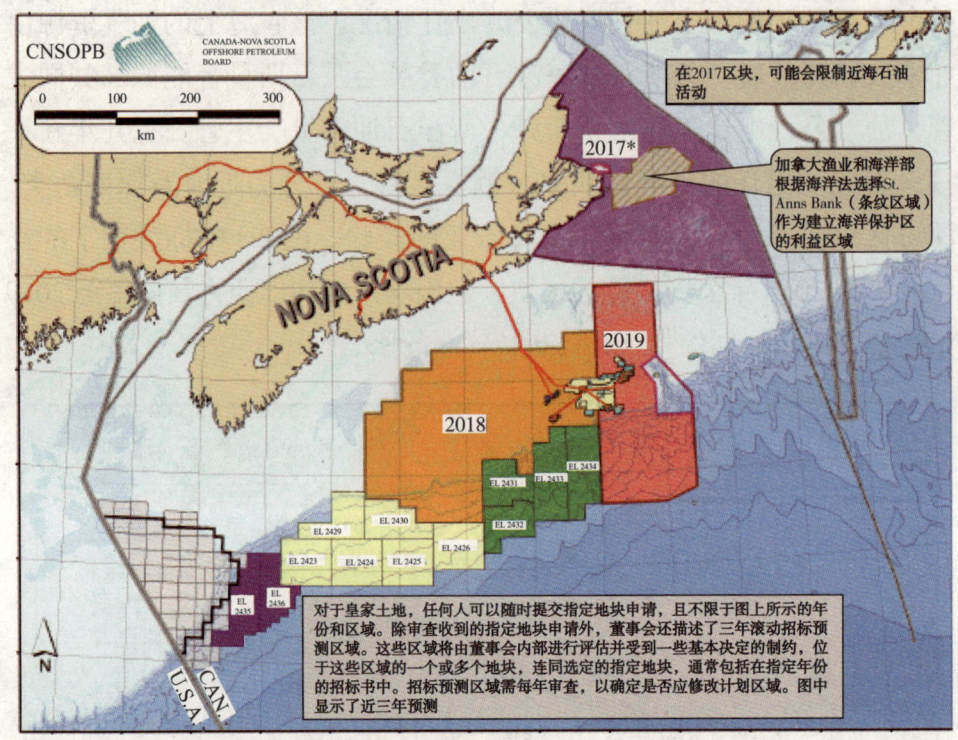

图 2.9 2017—2019 年新斯科舍省公开出让规划区块分布图

2.1.3 加拿大政府出让区块勘探开发特点

加拿大常规油气资源有限，非常规油气资源十分丰富，主要为西加拿大盆地的油砂、煤层气及致密气资源等。政府公开出让的区块也主要集中在西加拿大盆地及东海岸地区。

加拿大没有国家石油公司且石油工业已完全私有化。加拿大主要的石油生产商包括帝国石油公司（Imperial）、加拿大能源公司（Encana）、塔利斯曼能源公司（Talisman Energy）、赫斯基能源公司（Husky Energy）和阿帕奇加拿大公司（Apache Canada）等。美国公司在加拿大石油工业占据了相当大的规模，具有很强的影响力。此外，加拿大数百家中小公司十分活跃，也是参与西加拿大盆地陆上常规油气区块出让的主体。从近几年公开出让的区块来看，西加拿大盆地出让的油气区块中常规油气区块为勘探许可和租约,以许可为主;油砂区块中几乎全部为勘探许可;而海上新斯科舍省近几年出让的油气区块也几乎都是勘探许可,受勘探时间长、困难大、投资多等原因的影响,投资者多为国际大型油气集团及国家石油公司。

加拿大油气产量的上升得力于水平井及水力压裂技术的推广应用,自2013年起西加拿大盆地约有80%的生产井为水平井(图2.10)[33, 34]。相关技术的成功应用带动了大批致密油、致密气、页岩气区块的开放,这也是目前加拿大油气区块开放的主体区块类型。

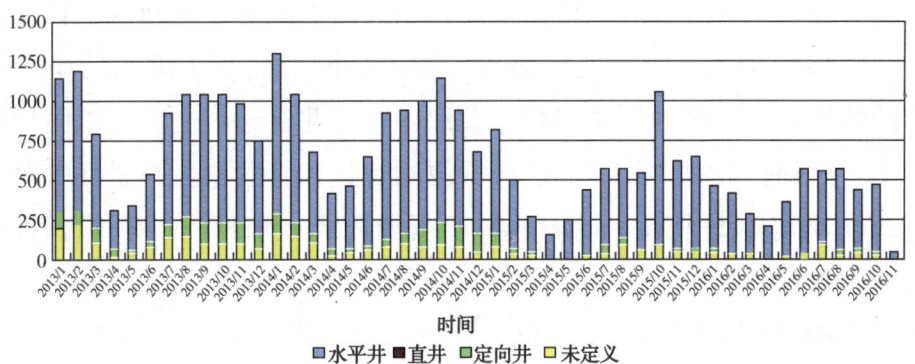

图2.10 西加拿大盆地钻井类型

根据加拿大石油生产商协会统计数据,2016年加拿大油砂产量占石油总产量的一半以上。油砂产量的增长是近年来加拿大石油总产量上升的主要拉动力。油砂资源因勘探开发成本高,开采周期长,参与开采的公司多为大型公司,如加拿大本土最大的油气公司Suncor能源、壳牌、中海油等。阿尔伯塔省政府开放的油砂区块是加拿大最重要的油气区块类型,也是加拿大油气投资的主体。

除油砂区块可能比较整装连片外,其他油气区块租约一般都比较零散地被各个不同的油公司持有,政府出让的区块往往是彼此孤立的众多小单元。

此外,加拿大的多伦多股票交易所是世界上独立油气公司交易最活跃的市场之一,为大小油公司的融资提供便利,推动加拿大成为仅次于美国的油气储量交易市场。这些都为政府开放区块、吸引投资者创造了良好条件。

2.2 加拿大政府油气区块出让规划方法及制定流程

2.2.1 加拿大区块出让规划管理机构和制定流程

加拿大资源产权制度继承英美法系，矿产资源所有权实行的是土地所有权体制。加拿大矿业法规定，联邦政府拥有西北地区、育空地区、努那瓦特区、印第安保留地、国家公园的公有土地内的矿产资源的管理权，这些地区基本位于北纬60°以北，约占全国土地面积的一半。另外，沿海大陆架的矿产资源所有权和管理权也归联邦政府所有。联邦其他十个省土地内的矿产资源归省政府所有。联邦和省政府分别负责各自权限内的矿产资源的管理工作。加拿大土地分为公有土地（Public Land）和私有土地（Private Land），公有土地为各级政府机构所有，其管理体系由联邦政府（Federal Government）、省政府（Provincial Government）和市政府（Municipality）构成。联邦政府不具有土地利用规划管理的职能，土地利用规划由省及省以下政府负责具体制定和实施。各省（区）公有土地的矿区和油气资源归各省政府所有，油气资源管理机构分为联邦和省两级，但以省政府为主。强大的省级领导，明确的区域战略规划方向，为加拿大各省，尤其是本书的重点省——阿尔伯塔省的区域规划、土地利用规划以及资源开发规划提供了强有力的保证及指引。

加拿大联邦政府虽没有直接的规划职权，也不具体参与各省市油气区块授予规划的制定和审批（因为各省及地区都由自己选举产生的政府来具体负责），但联邦有环境保护等方面的法律，省及省以下各级政府在制定区域规划及出让规划时都必须符合联邦及省政府有关的法律规定。各省分别制定和实施各自的法案，主要有市（地方）政府法案、规划法案、环境法、油气保护法、矿物法和农地保护法等。区域管理规划或者土地等资源开发规划需要确定具体发展建设内容，划定土地利用功能分区范围，确定具体的土地资源利用要求。规划由地区政府和市议会审议通过后报送省政府，最终由省政府的相关部门审批通过。每个省和市要对自己职权范围内的土地油气资源利用规划负责。由此可见，在加拿大的油气区块出让规划中，各省政府承担着具体规划职能并发挥核心作用。

2.2.1.1 区块出让规划管理机构

加拿大各省油气区块出让规划虽然都由各自的省政府批准，但仍需要遵循联邦环境保护等相关方面的法律。加拿大联邦油气资源管理机构主要有自然资源部和国家能源委员会，二者分别负责政策制定和执行，独立行使各自职权，有效地保证了政策的贯彻实施和监管的独立性。

（1）加拿大自然资源部（Natural Resources Canada）。

自然资源部是联邦政府的油气资源主管部门[35]，其下设有国家能源委员会、林业局、地球科学局、创新及能源科技局和矿物金属局等主要能源部门，职责是加强国家自然资源的开发和利用，提高加拿大天然资源性产品的竞争力，提供最前沿的地球科学知识，促进国家资源的有效利用，进行技术创新以确保自然资源的可持续发展，制定政策法规和方案来增强自然资源部对经济发展的贡献，确保为社会提供最经济的服务，提高民众的生活质量。以上定位决定了加拿大国家自然资源部虽然不直接制定油气区块的出让规划，但可通过制定相关联邦法规在国家层面确定能源发展方向和规划，并具体通过其下属的国家能源委员会在国家整体层面进行包括油气区块开放的宏观规划。

（2）国家能源委员会（National Energy Board，NEB）。

国家能源委员会直属加拿大自然资源部领导[36]，是联邦油气资源监管机构，但独立行使职能。国家能源委员会负责制定国家总体油气资源的战略规划和政策目标，确保资源的有效合理开发利用和国内能源供应。

国家能源委员会的职能主要包括监管省际和国际间管道的建设、运营以及管道流量、通行费和关税；监管天然气进出口、石油出口以及边境地区石油和天然气活动；对特定能源问题进行研究，为加拿大自然资源部部长提供关于能源监管方面专业的建议；监测当前和今后加拿大的主要能源商品供应情况。除了《国家能源委员会法》规定的职责外，委员会也要履行《加拿大石油和天然气操作法》《加拿大环境评估法》《北方管道法》《加拿大石油资源法》和《加拿大运输法》规定的相关职责，委员会的管辖范围已扩大至包括管道运输以外的石油或天然气。

国家能源委员会最权威的职能是《国家能源委员会法》赋予的独立行使职权的权力。委员会虽然隶属于加拿大自然资源部，但独立行使监管职能，委员会每年通过加拿大自然资源部部长向议会汇报工作。监管的决策程序十分透明，在做出独立决策时，要提供决策理由。被监管者可以对监管者的决策进行公开的质疑、起诉，以维护自身的合法权益。国家能源委员会对申请的诉讼举行公众听证会，个人、利益团体、公司和其他组织均可参与听证会，同时听证会有类似民事法院的法庭记录。国家能源委员会的监督管理过程公开、公正并且透明。

此外，国家能源委员会与省和联邦机构合作，降低监管重叠，提高监管效率。同时委员会与其他国家合作实施共同监管，特别是与美国联邦能源监管委员会签署协议来协调跨境项目的监管办法。由此可见，国家能源委员会是国家层面上总体油气资源的战略规划和政策目标的具体制定者，具体向自然资源部负责。

（3）各省（区）出让规划管理机构。

加拿大联邦和各省的能源主管机构之间并不存在行政等级关系，省政府有独立于联邦的立法权。加拿大各省政府根据各自能源相关法律设有油气资源的主管部门，虽然名称不同，但都是只在本省区范围内独立行使油气资源管理职权，负责管理本省（区）范围内资源的勘探、开采以及矿山的建设、管理和修复作业,并保护本省地区经济的发展,维护与油气资源有关的投资利益,同时向政府部门提供专业知识,支持并帮助政府制定区域规划等相关政策,也面向公众提供公共的科学信息和咨询服务[64]。油气资源监管机构也是根据各省的能源相关法律设置,依照法定程序在法律范围内行使管理职权,职权范围仅限于本省。各省的油气资源监管机构隶属于省级主管部门,但独立行使权力,与联邦的能源监管委员会合作协调管理跨省的矿业活动。在符合联邦法律前提下,各省市区域规划以及油气开放规划经省政府或者油气主管部门批准生效后将受各监管部门的监管,因此加拿大具体的油气区块出让规划基本是由各省政府主持制定并实施的,联邦只限于在法规、宏观规划导向层面发挥作用,但这种职能的划分同各省立法体系完善、各省法律体系差异、加拿大陆上土地所有权大部分属于省政府有关。

以阿尔伯塔省为例,表2.2为本书调研的阿尔伯塔省油气资源管理机构、相关法规以及油气区块出让规划制定的主要机构。该省的短期出让规划主要由省政府及能源部主导,参照每两周举行一次油气公开出让的频次制定油气出让日程规划;长期的区域管理规划则是该省2008年启动的土地利用框架下的主要成果。土地利用框架是综合资源管理系统(Integrated Resource Management System,IRMS)的主要职能之一,综合能源管理系统致力于能源开发与环境、经济和社会相互协调统一,由阿尔伯塔省政府统一领导,主要包括能源政策管理办公室(Policy Management Office,PMO)、阿尔伯塔能源监管机构(Alberta Energy Regulator,AER)、原住民咨询办公室(Aboriginal Consultation Office,ACO)等能源相关机构。土地利用框架下的区域规划的主要内容包括油气资源规划及油气作业区域规划,旨在确保资源的可持续开发并保护环境[37]。其他参与制定综合能源管理系统土地利用框架(Land Use Framework,LUF)下区域规划的机构如土地利用秘书处、区域咨询理事会等都依阿尔伯塔省土地管理法而建立,土地利用秘书处将监督每个区域计划的制定，并为区域咨询理事会（RAC）提供政策分析、研究和行政支持。

表 2.2　加拿大阿尔伯塔省油气资源管理机构和相关法律

省份	油气主管部门	油气监管机构	相关法规	出让规划制定机构
阿尔伯塔省	能源部	阿尔伯塔能源监管机构	能源开发责任法案	省政府 能源部 环境与公园部 阿尔伯塔省能源监管机构 土地利用秘书处等

阿尔伯塔能源监管机构也是综合能源管理系统的主要成员之一，与其他省属机构如能源部、农业部、森林部、环境与公园部（Environment and Parks）等协作制定相应规划，管理该省的自然资源，并负责监管该省公共土地处置和管理、环境保护、油气资源开发和水资源管理和保护等，是制定油气区块出让规划的核心部门，也是具体油气勘探开发业务的主要执行监管部门。

阿尔伯塔能源监管机构已成立75年，随着技术的革新、石油工业的新发展动向以及社会期望的不断提升，阿尔伯塔能源监管机构也经历了不断的机构调整和改革，该机构接替了原能源资源保护委员会（ERCB）所有的油气业务监管职权，并取代了环境保护和资源可持续发展部（ESRD）在公有土地、水资源和环境等方面的监管职能，实现统一负责阿尔伯塔省石油、天然气以及煤炭等资源的勘探和开发全生命周期内的监管，囊括了油气区块授予规划管理、能源项目申请审批、能源开发过程监管等各个环节[38, 39]。根据阿尔伯塔能源监管机构2015年年报，阿尔伯塔能源监管机构拥有雇员超过1000人，其监管的范围包括约174000口活跃井、797个天然气处理厂、30000多件石油设施、21000件天然气设施以及431000km的油气管道，同时阿尔伯塔能源监管机构受理了约47000项能源相关开发申请[31]。

阿尔伯塔能源监管机构的主要执法依据是《能源开发责任法案》

（Responsible Energy Development Act），该法案规定阿尔伯塔能源监管机构不仅负责石油、天然气和煤炭等相关能源法案的管理规范和执行，同时还对《公共土地法》(Public Land Act)、《环境保护和促进法》(Environmental Protection and Enhancement Act) 和《水资源法》(Water Act) 等法案中涉及能源发展的部分具有管理权力。为此，阿尔伯塔能源监管机构还肩负公共土地处置和管理、环境保护和水资源管理规划、利用和保护等使命。

阿尔伯塔能源监管机构的具体监管流程可以根据项目阶段分为组织项目申请初期的审批、项目运营中的监督和检查以及项目终止之后的废弃和复垦三个部分。监管模式高度集权，不仅有效地提升了规划的可利用性、监管的一致性和专业性，也提高了项目审批效率以及监管执行力，为能源行业的健康、高效和可持续发展提供了更好的保障。因此，加拿大油气大省阿尔伯塔的油气业务具体规划管理核心部门阿尔伯塔能源监管机构，同时履行了油气业务的监管职能。

综上，区域规划主要管理及制定机构为土地利用秘书处，土地利用秘书处负责监督区域规划的制定，并与代表省政府、环境及公园部、省能源部等部门和机构的项目小组合作；阿尔伯塔省能源监管机构负责后续的监管细节规划，并在该总体规划原则下严格控制油气作业区域、油气出让区域及油气项目从申请到复垦的一系列监管。

2.2.1.2 制定流程

以富集加拿大 96% 剩余石油可采储量的阿尔伯塔省为例，因该省短期出让规划为油气公开出让日程规划，由能源部按每两周一次的频次制定；长期的区域规划是综合资源管理系统下的主要职能之一——土地利用框架下的区域规划，包括油气资源管理规划及油气作业区域规划。

为更好更快地发展并实现长期的经济、环境以及社会目标，确保良好的土地及自然资源的可持续发展，阿尔伯塔省在 2008 年推出了土地利用框架。区域规划是土地利用框架之下的主要成果，而油气区块出让规划是总体区域规划的重要组成部分。某些情况下，在一个区域内可能需要进行详细的规划来解决分区域关切问题或其他具体问题，这些规划比区域规划更深入地关注重点情况。如图 2.11 所示，区域规划由省政府批准后将纳入省级政策，制定区域性土地利用目标并为区域内的土地利用规划、油气自然资源利用规划、区块出让等提供决策支持[40]。

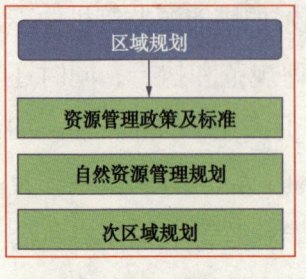

图 2.11 阿尔伯塔省区域规划主要实施方式

以阿尔伯塔省区域规划为例，下阿萨巴斯卡（Lower Athabasca）区域规划（2012—2022）于 2012 年 9 月 15 日起生效，是阿尔伯塔省在土地利用框架下制定的第一个区域规划。该区域规划的一个主要目标就是优化油砂资源的经济潜力，并以此规划为基础，为区域内的油砂资源管理提供政策及标准并制定、修订油砂责任开发法案，该法案是在阿尔伯塔省的三个油砂区和工业中心地带进行油砂开发而实施的 20 年战略规划。此外，此前该区域内正在执行的综合发展规划（次区域规划）包括 Cold Lake Sub-Regional – Integrated Regional Plan（1996）、Fort McMurray Athabasca Oil Sands Sub-Regional – Integrated Resource Plan（2002）以及 Lakeland Sub-Regional – Integrated Resource Plan（1985）[41]。以上基本都为油砂项目区的综合发展规划，更直接地为各个地区的油砂区块出让提供具体的指导。由此可见，加拿大政府制定了不同层级的资源出让、开发规划，既包含较宏观的综合区域规划，也包含各分地区的规划，互有侧重，相辅相成。规划将作为政府决策实施，进一步加强油砂资源区块出让以及开发利用，指导未来的区块出让工作。

土地利用框架将阿尔伯塔省划分为七个地区，基于七个新划分的区域制定相应的区域规划。阿尔伯塔省区域规划的制定流程可以分为三个阶段七个步骤[42]，如图 2.12 所示。第一阶段为规划前期，这一阶段主要为信息的收集及分析过程，了解区域现状及设定区域规划未来的目标，其中包括一定时间内油气作业的主要区域、规模等。阶段一的公众咨询主要为省政府与省人民咨询，促进该区域内公众对区域规划的了解，并获得有关问题的意见和反馈，为该地区区域规划提供参考。

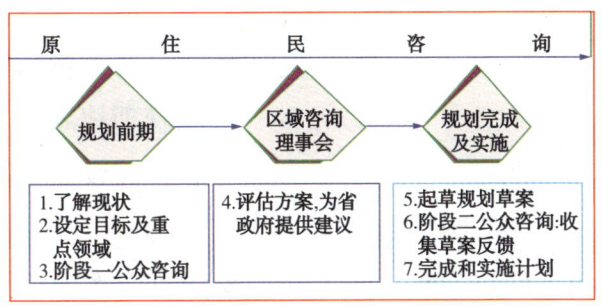

图 2.12　阿尔伯塔省区域规划制定流程

第二阶段为区域咨询理事会（Regional Advisory Councils，RAC）向省政府就制定区域规划提交建议。区域咨询理事会由省政府创建及领导，旨在为省政府提供建议，并向土地利用秘书处提供制定区域规划方面的建议。区域咨询理事会的会员由省政府任命，包括代表省政府及省级以下政府利益的政府代表、企业、非政府组织、原住民委员会代表以及区域内其他相关规划部门如水源规划部门及委员会等。区域咨询理事会还将就土地利用的权衡政策以及累计效应阈值的设定提供建议，并在区域规划制定过程中为公众、利益相关者、原住民等提供咨询、建议服务。可见区域咨询理事会体现了更广泛代表层面的地方政府、原住民、企业和非政府组织等方面的诉求，从而为油气资源开发利用规划、区块授予规划建立更广泛的意见征询基础，提高规划的客观性和代表性，也为规划的执行创造更好的条件。

第三阶段为规划完成及实施阶段，包括草案编制完成及公布、公众对草案的反馈以及最终规划的完成和实施。规划草案需考虑第一阶段的公众咨询中提出的挑战和问题，从正在进行的原住民和利益相关者的咨询中得到的反馈，区域咨询理事会的建议和关于区域咨询理事会建议的在线咨询结果等，最终的规划方案需基于公众、原住民、利益相关者对规划草案的反馈，经内阁批准后，规划将列为省级政策，省政府、地方政府、各部门及其他决策者都需要遵循该规划。

原住民咨询在区域规划制定流程中是一个独立、独特且持续进行的过程，贯穿于整个规划的制定过程。原住民与该省的土地和环境有着历史性的联系，在土地规划以及油气资源管理规划中具有独特的地位。根据阿尔伯塔省第一民族咨询政策，省政府及组织等在决定是否对原住民的权利有影响的问题上应咨询原住民并做出协调。

另外，区域规划按照规定每五年需要修订一次，如区域内省级政策发生了变化，与此前的区域规划有所冲突，则区域规划也可在不满五年的时候重新修订，必须与区域内的政策保持一致。公众可以在公开网站上获取所有的报告。区域规划主要提供了土地利用管理及决策的蓝图，并为区域内的油气资源开发及出让提供政策支持，能够更为妥善地管理区内的自然资源，以解决阿尔伯塔省快速发展带来的压力，确保资源的可持续发展，达到阿尔伯塔省长期的经济、环境与社会和谐发展的目标。

2.2.2 加拿大区块出让规划方法和具体组织方式

本书主要调研了加拿大阿尔伯塔省、萨斯喀彻温省、不列颠哥伦比亚省、新斯科舍省的油气区块出让规划，着重研究了产油气大省阿尔伯塔省。各省的油气出让规划有所不同。如阿尔伯塔省，区域出让规划包括油气区块出让类型划分、出让协议模式的制定、出让日程规划，阿尔伯塔省出让的油气区块每年举行24次油气公开出让活动，即平均每两周一次；不列颠哥伦比亚省每年12次，即平均每月1次；萨斯喀彻温省则是每两个月一次。三省政府会在相应油气行业主管部门的网站上公布该规划，详细列出竞标者提名油气区块的截止日期，出让公告的发布日期，油气区块公开出让即销售日期（图2.13至图2.15）[43-45]。各省除了公开出让日程的规划外，还有相应的资源出让管理规划（以阿尔伯塔省为例，主要是各区域土地的用途规划及后续监管等），用于严格规划区域内可用于油气作业及出让的区域范围。

阿尔伯塔省2017—2018年油气及油砂出让日程规划
2017.1—2018.31

请求提交阶段			出让公告发布日期	销售日
16-Aug-24	To	16-Sep-27	16-Nov-16	17-Jan-11
16-sep-28	To	16-Oct-11	16-Nov-30	17-Jan-25
16-Oct-12	To	16-Oct-25	16-Dec-14	17-Feb-08
16-Oct-26	To	16-Nov-22	17-Jan-11	17-Mar-08
16-Nov-23	To	16-Dec-06	17-Jan-25	17-Mar-22
16-Dec-07	To	16-Dec-20	17-Feb-08	17-Apr-05
16-Dec-21	To	17-Jan-10	17-Mar-01	17-Apr-26
17-Jan-11	To	17-Jan-24	17-Mar-15	17-May-10
17-Jan-25	To	17-Feb-07	17-Mar-29	17-May-24
17-Feb-08	To	17-Feb-21	17-Apr-12	17-Jun-07
17-Feb-22	To	17-Mar-07	17-Apr-26	17-Jun-21
17-Mar-08	To	17-Mar-21	17-May-10	17-Jul-05
17-Mar-22	To	17-Apr-04	17-May-24	17-Jul-19
17-Apr 05	To	17-Apr-18	17-Jun-07	17-Aug-02
17-Apr 19	To	17-May-02	17-Jun-21	17-Aug-16
17-May-03	To	17-May-16	17-Jul-05	17-Aug-30
17-May-17	To	17-May-30	17-Jul-19	17-Sep-13
17-May-31	To	17-Jun-13	17-Aug-02	17-Sep-27
17-Jun-14	To	17-Jun-27	17-Aug-16	17-Oct-11
17-Jun-28	To	17-Jul-11	17-Aug-30	17-Oct-25
17-Jun-12	To	17-Jul-25	17-Sep-13	17-Nov-08
17-Jun-26	To	17-Aug-08	17-Sep-27	17-Nov-22
17-Aug-09	To	17-Aug-22	17-Oct-11	17-Dec-06
17-Aug-23	To	17-Sep-05	17-Oct-25	17-Dec-20
17-Sep-06	To	17-Nov-15	17-Nov-15	18-Jan-10
17-Sep-27	To	17-Oct-10	17-Nov-29	18-Jan-24
17-Oct-11	To	17-Oct-24	17-Dec-13	18-Feb-07
17-Oct-25	To	17-Nov-21	18-Jan-10	18-Mar-07
17-Nov-22	To	17-Dec-05	18-Jan-24	18-Mar-21
17-Dec-06	To	17-Dec-19	18-Feb-07	18-Apr-04
17-Dec-20	To	18-Jan-02	18-Feb-21	18-Apr-18
18-Jan-03	To	18-Jan-16	18-Mar-07	18-May-02
18-Jan-17	To	18-Jan-30	18-Mar-21	18-May-16
18-Jan-31	To	18-Feb-13	18-Apr-04	18-May-30
18-Feb-14	To	18-Feb-27	18-Apr-18	18-Jun-13
18-Feb-28	To	18-Mar-13	18-May-02	18-Jun-27
18-Mar-14	To	18-Mar-27	18-May-16	18-Jul-11
18-Mar-28	To	18-Apr-10	18-May-30	18-Jul-25
18-Apr-11	To	18-Apr-24	18-Jun-13	18-Aug-08
18-Apr-25	To	18-May-08	18-Jun-27	18-Aug-22
18-May-09	To	18-May-22	18-Jul-11	18-Sep-05
18-May-23	To	18-Jun-05	18-Jul-25	18-Sep-19
18-Jun-06	To	18-Jun-19	18-Aug-08	18-Oct-03
18-Jun-20	To	18-Jul-03	18-Aug-22	18-Oct-17
18-Jul-04	To	18-Jul-17	18-Sep-05	18-Oct-31
18-Jul-18	To	18-Jul-31	18-Sep-19	18-Nov-14
18-Aug-01	To	18-Aug-14	18-Oct-03	18-Nov-28
18-Aug-15	To	18-Aug-28	18-Oct-17	18-Dec-12

图 2.13　阿尔伯塔省 2017—2018 年油气公开出让日程规划

萨斯喀彻温省2017年油气、油砂及页岩公开出让日程安排			
出让编号	出让日期	请求截止日期	出让公告发布日期
375	2017/2/7	2016/10/11	2016/11/24
376	2017/4/11	2016/12/13	2017/1/26
377	2017/6/6	2017/2/14	2017/3/30
378	2017/8/1	2017/4/18	2017/5/25
379	2017/10/3	2017/6/13	2017/7/27
380	2017/12/5	2017/8/8	2017/9/28
许可证的截止日期为这些日期前1个月			

图 2.14　萨斯喀彻温省 2017 年油气公开出让日程规划

出让日期	请求截止日期	修改标书截止日期	招标公告发布日期	无投标或者无有效投标截止日期
2016/5/18	2016/2/2	2016/3/16	2016/3/31	2016/5/24
2016/6/15	2016/3/1	2016/4/13	2016/4/28	2016/6/21
2016/7/13	2016/3/29	2016/5/11	2016/5/26	2016/7/19
2016/8/10	2016/4/26	2016/6/8	2016/6/23	2016/8/16
2016/9/7	2016/5/24	2016/7/6	2016/7/21	2016/9/13
2016/10/5	2016/6/21	2016/8/3	2016/8/18	2016/10/11
2016/11/2	2016/7/19	2016/8/31	2016/9/15	2016/11/8
2016/12/14	2016/8/30	2016/10/12	2016/10/27	2016/12/20
2017/1/18	2016/9/27	2016/11/16	2016/12/1	2017/1/24
2017/2/22	2016/11/1	2016/12/14	2017/1/5	2017/2/28
2017/3/22	2016/12/6	2017/1/18	2017/2/2	2017/3/28
2017/4/19	2017/1/3	2017/2/15	2017/3/2	2017/4/25
2017/5/17	2017/1/24	2017/2/15	2017/3/30	2017/5/23
2017/6/21	2017/3/7	2017/4/19	2017/5/4	2017/6/27
2017/7/26	2017/4/4	2017/5/24	2017/6/8	2017/8/1
2017/8/23	2017/5/9	2017/6/21	2017/7/6	2017/8/29
2017/9/20	2017/5/10	2017/7/19	2017/8/3	2017/9/26
2017/8/18	2017/6/27	2017/8/16	2017/8/31	2017/10/24
2017/11/15	2017/7/25	2017/9/13	2017/9/28	2017/11/21
2017/12/13	2017/8/22	2017/10/11	2017/10/26	2017/12/19

图 2.15　不列颠哥伦比亚省 2017 年油气公开出让日程规划

新斯科舍省海上油气出让规划主要是未来三年可供油气区块出让的区域规划（图 2.16），竞标者、个人、任何组织或者团体甚至包括该省的海上油气主管部门（新斯科舍海洋石油委员会）都可以在规划范围[46]内提名区块。新斯科舍省海上油气区块的公开出让基本每年举行一次，表2.3为该省的海上油气区块公开出让流程，任何个人、公司或者海洋石油委员会在任何时间都可提名该省政府所有的土地以供未来油气区块公开招标，但每年的12月1号为下轮油气招标区块的提名截止日期。提名方可在海洋石油委员会网站上获取可供提名土地的地图，海洋石油委员会在收到提名后会根据环境因素对提名的土地进行审查及审核，以确认提名土地为政府所有土地且不在油气活动禁止区，如有必要，海洋石油委员会重新配置提名土地并告知提名方。如果提名通过审核，则海洋石油委员会应考虑这些提名以及确定相关环境敏感性，以用于制定未来的油气区块公开出让规划。除了海洋石油委员会收到的区块提名，该省的油气出让规划还会结合其三年一更新的地质科学研究成果，每年更新其三年油气出让区域规划。

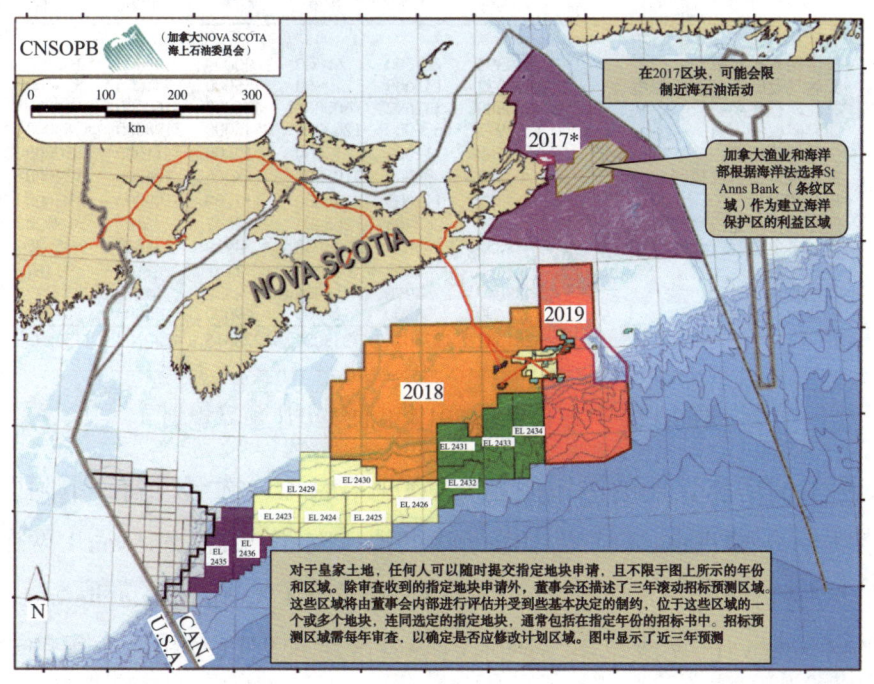

图 2.16　新斯科舍省 2017—2019 年海上油气公开出让区域规划

表 2.3 新斯科舍海上油气区块年度公开招标流程[47]

	新斯科舍海上油气区块公开招标流程
12月1日	下轮油气招标区块提名截止日期
4月中旬	招标公告
11月上旬	招标关闭：需在规定日期前提交报价，由海洋管理委员会组织并选出成功竞标者
1月15日	勘探许可证：向成功投票人发放勘探许可证

注：根据海洋石油委员会网站资料编制。

阿尔伯塔省的油气出让除此日程规划外，还有一项由省政府下属能源部规划的区块出让预算规划，该规划中会列出未来三年阿尔伯塔省计划通过油气区块公开出让获得的贡金预算[48]，如图2.17所示，该贡金预算以拟出让区块油气资源和油气市场出让行情综合研究为依据。

（千美元）	可比的					
	2015-16 实际	2016-17 预算	2016-17 预测	2017-18 估算	2018-19 目标	2019-20 目标
收入						
自由保有矿权税	79395	71000	69000	90000	94000	100000
天然气及副产品矿权使用费	493032	151000	219000	455000	304000	523000
原油矿权使用费	688860	332692	600000	476000	460000	589000
沥青矿权使用费	1222971	656000	1263000	2546000	3198000	5269000
煤矿权使用费	13668	11000	13000	12000	11000	10000
皇家租赁销售及福利	203267	95000	191000	148000	144000	134000
租金和费用	167382	118000	144000	117000	109000	103000
能源监管行业税和许可费	270335	268403	268403	274847	294122	309122
公用事业监管行业税和许可费	32855	35038	35038	34929	35632	35632
投资收益	1450	1167	1167	1167	1167	1167
其他收入	88047	4976	4976	4372	4372	4372
商业运营的净收入	20490	28800	29500	69000	45000	57000
总计	3281692	1773076	2838084	4228315	4700293	7135293

图2.17 阿尔伯塔省2017年油气出让预算规划

阿尔伯塔省长期的区域规划于2008年启动。截至目前，下阿萨巴斯卡（Lower Athabasca）及南萨斯喀彻温（South Saskatchewan）两个地区的区域规划已完成并生效，北萨斯喀彻温（North Saskatchewan）地区的区域规划已完成草案。阿尔伯塔省区域规划以及相应决策的制定都需要遵循省政府的众多立法、条例及政策。《阿尔伯塔省土地管理法》中详细规定了区域规划的区域设置、内容及目的，并依法设置了区域规划的主管机构土地利用秘书处及区域咨询理事会等部门。省政府为区域规划及油气出让规划的制定设立主体方向及社会期望来提供指导。阿尔伯塔省油气出让区域规划必须符合土地区域综合规划，而土地区域规划的制定需要遵循以下七大战略原则[49]。

（1）根据政府划分的七个新的土地利用区域制定七个区域土地利用规划。阿尔伯塔省在 2008 年以前并没有正式的区域规划，也没有任何关于省级政府土地以及城市土地利用决策之间的协调政策。为了解决这个问题，省政府将阿尔伯塔省重新划分为七个新的土地使用区域，并为每个区域制定区域规划，如图 2.18 所示。区域规划将在省级别上整合省级的相关政策，制定区域土地利用目标，为区域内的土地使用提供依据，反映各地区土地的独特性和优先性。自治市、其他地方当局和省级政府部门必须遵守区域规划，区域规划确定后，即油气区块的出让规划也就具有了规划的基础，并能更好地处理后续与环境保护、其他资源开发、城市发展的关系。

（2）建立一个土地利用秘书处，并为每个地区设立区域咨询理事会。强有力的省级领导对于土地利用规划和资源管理规划的成功至关重要。建立实施土地利用框架的正式管理架构也是必要的，为了满足这一需要，土地利用框架设置了土地利用秘书处来支持框架的实施，秘书处将与政府部门和区域咨询理事会一起制定区域规划，最终决定由省内阁批准。

土地利用秘书处是一个支持内阁政策的省级机构，主要负责与土地利用相关部门以及区域规划小组、区域咨询理事会等一起制定区域规划，向区域咨询理事会提供行政支持，并监督管理每一区域规划的制定过程。土地利用秘书处也负责与各地区的规划机构沟通，向公众、团体以及利益相关者、原住民等解释区域规划。此外，秘书处还向区域机构就省级政策提供咨询意见，协助省级部门协调市政当局和其他地方当局在土地利用框架下充分发挥各自的机能，并确保在制定区域规划中应用累积效应模型。由此可见，在油气区块出让区域的规划方面，土地利用秘书处发挥着十分重要的职能，能满足政府统筹规划土地资源的目的。

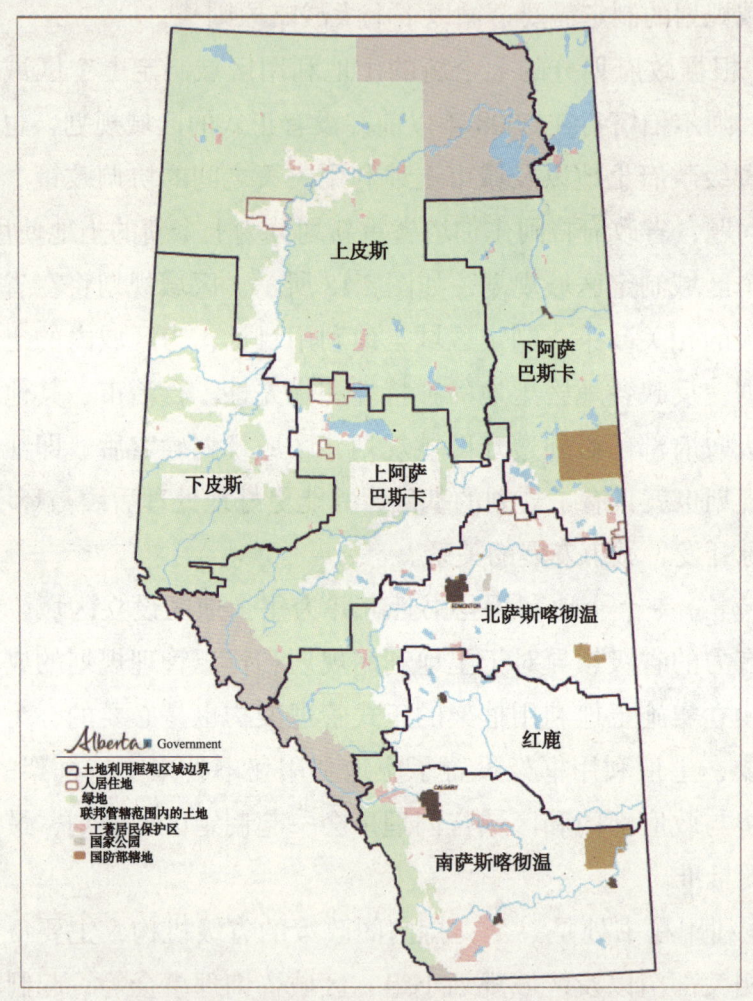

图 2.18　阿尔伯塔省区域规划分区示意图

由于每个规划区域均成立区域咨询理事会，并且拥有各界的代表成员，因此可以为政府规划油气区块提供广泛的意见和建议，反映不同社会群体的利益诉求和关注，保障油气区块出让规划的客观性和可行性。

（3）在区域规划中利用累积效应管理来评估土地资源利用活动，例如油气资源勘探和开发对土地、水和空气的影响。水源、空气等都具有一个有限的承载能力，阿尔伯塔省此前通常是在项目基础上评估发展对环境的影响，这种方法仅在较低级别的开发活动中起作用，并没有解决随着时间推移而发生的多种开发活动导致的累积效应。土地利用框架将在区域规划中采用累积效应管理办法，以评估区域内现有和新开发活动的综合影响，从而更客观地体现油气资源勘探开发活动对环境的累积影响，避免油气区块出让规划的实施导致环境发生大的负面变化。

（4）制定保护和管理私人和公共土地的战略。清洁的水和空气、健康的栖息地和河流沿岸地区、丰富的野生物种和渔业都是阿尔伯塔人享有和珍视的"公共物品"。阿尔伯塔省政府将制定新的政策来确保私人以及公共土地的管理和保护。油气区块出让的规划也需要符合这些土地资源开发利用的总战略，特别是环境保护方面。

（5）促进有效利用土地，减少人类活动对阿尔伯塔省景观的影响。土地是有限的、不可再生的资源，不应浪费。土地利用决策应尽力减少人类活动对阿尔伯塔自然景观的影响。这一原则应指导所有行业及领域的土地利用决策：油气区块出让以及油气勘探开发活动的实施，城市和农村的住宅开发，交通运输和公用走廊，划为工业发展的新地区和农业等均需要根据这一原则制定各自的发展规划。

（6）建立信息、监测和知识体系，为持续改进土地利用规划和决策做出贡献。良好的土地资源利用决策需要准确、及时地获取信息。需要建立一个健全、完善的监测、评估和报告制度，以确保土地利用框架下区域规划的成功实施及区域目标与愿景的实现。阿尔伯塔省政府将收集需要的信息来支持土地利用规划决策，并创建一个综合信息系统，以确保决策者获取相关信息。系统包括定期监测、评估和汇报土地的整体状况以及省级和区域土地利用规划的进展成果。该系统的关键部分是该省的生物多样性监控程序。在油气业务方面，阿尔伯塔省建立了各个油气公司及时按照规定交纳钻井取心以及油气井生产、测井、测试等历史资料的体系，保障政府掌握充分的油气勘探开发活动信息，为油气区块出让提供决策参考依据，同时通过阿尔伯塔能源监管机构对钻井、地震、地面工程、注水注气提高采收率等活动进行严格的监管，并在监管过程中掌握了大量的油气勘探开发活动的信息、油气公司动向等，从而为油气区块出让提供更全面的行业参考资料。

（7）将原住民纳入土地利用规划。阿尔伯塔省政府继续履行该省的法律义务及责任，鼓励原住民参与土地利用规划的制定。从规划制定流程图中可看到原住民的咨询及建议将贯穿整个区域规划的制定过程。这对于油气区块出让活动以及区块授予后的勘探开发活动获得原住民的支持十分重要。

由此可以看出，阿尔伯塔省包括油气区块出让在内的区域规划的制定概括如下。

首先，从大局整体出发设立土地利用秘书处来行使省政府的职能，并为各个地区设立区域咨询理事会，理事会协助秘书处完成区域规划的制定。

其次，将省划为七个单独的区域，分区、分重点区域制定区域规划及自然资源管理规划。阿尔伯塔省自2008年起启动了土地利用框架，将该省划分为七个大区，开始分区制定各自区域的区域规划。分区制定规划既是制定区域规划的七大战略之一，也便于各区区域规划的制定、修订以及对后续规划实施的监管。

第三，阿尔伯塔省区域规划的制定十分注重公众参与，规划制定的各个阶段都有公众参与，规划初稿、修改稿、审议稿都要向公众公开并举办听证会。区域咨询理事会也负责向各机构、公众、利益相关者、原住民等提供咨询解答。

第四，法制健全，有法可依。规划的政策和编制程序由省政府制定，而省政府通过法律将权力转给地方政府。加拿大境内，无论地区还是市的规划都由专门的规划机构来编制。区域规划实施后，人们将土地按地片（parcel of land）划分为各种用途区，如资源开发区、居住用地区、工业用地区、商业用地区、农业用地区、混合用地区、环境保护区等，并规定各区土地的许可用途、禁止用途及建筑和场地控制指标等，为区域内土地未来开发利用提供基本目标和政策。图2.19为阿尔伯塔省第二个区域规划—南萨斯喀彻温区域规划图。该区域规划明确规定了可用于油气作业开发的区域，可供阿尔伯塔省能源部、阿尔伯塔省油气监管机构等油气主管和监管部门作为政策参考，确保出让的油气区块符合该规划。

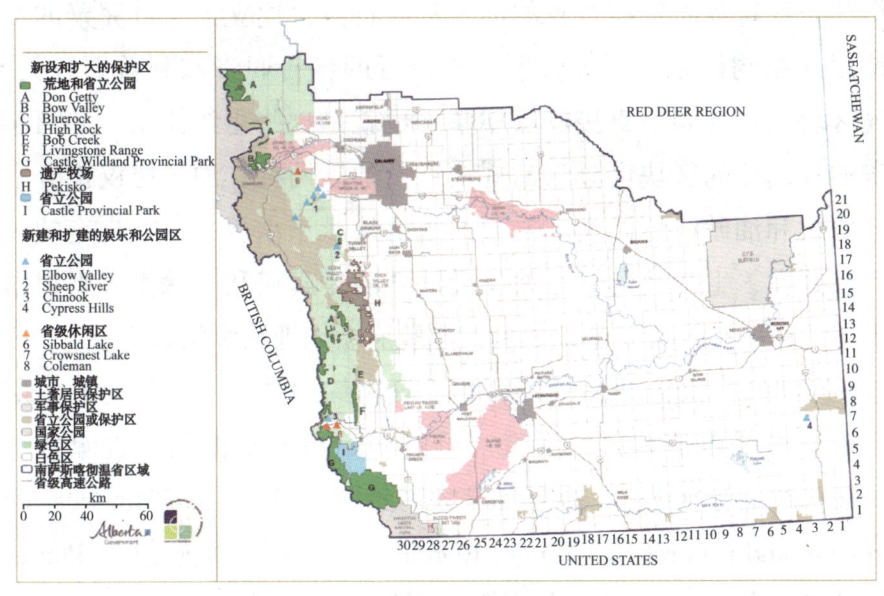

图2.19 阿尔伯塔省南萨斯喀彻温区域规划图

第五，在各个地区建立仲裁委员会。该委员会独立于政府的协调委员会，其成员包括律师、会计师、建筑师、规划师及社会或环境科学方面的专家，并由省内阁任命，实行终身制，具体负责协调、仲裁规划事务争端，解决规划实施过程中遇到的实际问题。任何团体或个人包括省、市政府都可向他们提出复议，请求仲裁。这为由于油气区块授予、资源开发导致的土地利用争议提供了争端协调解决机制。

2.2.3　加拿大油气区块出让规划制定的特殊要素分析

加拿大油气区块出让规划在各省政府的主导下由油气主管部门及相关规划项目制定小组协作制定，是建立在十分完善的油气技术、法律条约及财税体系基础之上的。

加拿大常规油气资源有限，非常规油气资源十分丰富，政府公开出让的区块也主要集中在西加拿大盆地及东海岸地区。水平井及水力压裂等油气技术的成功应用带动了大批致密油、致密气、页岩气区块的出让。各省政府根据各省的油气资源特点，建立了十分完善的油气区块出让租约体系，明确政府、投资者的各自职责和利益划分关系，油气区块出让规划最直接的法律基础也就是这些租约体系。如阿尔伯塔省油气出让的区块可分为常规油气及油砂两种，油气协议也分常规油气协议和油砂协议两类。普通油气协议赋予承租人，在规定的区域钻探、开发、生产及销售原油及天然气的专属权利。承租人则根据政府规定的标准及收益或生产比例，向政府缴纳地租和特许费。

常规油气协议包括油气许可和油气租约两种。油气租约的租期为五年，并可经申请续延。油气许可的初始租期根据油气资源所在位置（图2.20）有所不同。根据加拿大阿尔伯塔 Mines and Minerals Act—Petroleum and Natural Gas Tenure Regulation 规定，阿尔伯塔 Plains 地区出让的油气区块最大单个协议面积为15个地块单元（section），即 $38.4km^2$，初始租期为两年；Northern 地区最大单个协议面积为32个地块单元，即 $81.92km^2$，初始租期为四年；Foothills 地区最大单个协议面积为36个地块单元，即 $92.16km^2$，初始租期为五年。油砂协议具体包括油砂许可和油砂租约两种。油砂协议赋予承租人在特定区域和地层钻探、开采、生产和销售政府所有的油砂资源的专属权利。承租人则根据政府规定的标准及收益或生产比例,向政府缴纳地租和特许费。一项油砂协议覆盖的区域,最大可达到 36 个地块单元,约 92km^2。油砂许可的租期为五年,油砂租约的租期为 15 年,且油砂租约可经申请续延。从调研的 2016 年加拿大油气出让统计来看,阿尔伯塔省近几年出让的油砂协议绝大多数为油砂许可。

图 2.20　阿尔伯塔省常规油气区块分布

其次,加拿大油气出让频繁,阿尔伯塔省每年出让高达 24 次,每次出让油气及油砂区块数百个，公开出让的顺利进行得益于电子系统及阿尔伯塔省地块管理 DLS 领土测量制度、领土测量的利用。自 1998 年起阿尔伯塔省的油气区块公开出让就通过电子系统进行。电子传输系统（Electronic Transfer System，ETS）是阿尔伯塔省能源部根据行业需求而设计并投入运营使用，可以让用户以电子方式安全地向能源部发送和接收信息。能源部作为油气区块公开出让的组织者，通过该系统公布出让公告、获取公众及竞标者区块提名等确保出让有序进行，用户可以在线提交区块请求、投标、修改标的贡金及获取油气协议等。如图 2.20 所示，DLS 将加拿大西部的大部分土地划分为 $1mile^2$ 的地块单元，每个 township 由 36 个地块单元组成，每个地块单元又可以划分成 16 个次级法律地块。这一系列制度与电子系统的利用非常便于油气主管部门筛选出让区块、规范油气租约体系，也利于油气企业尤其是竞标者提名油气区块、参与油气公开出让等。这为加拿大油气公开出让规划的制定提供了强有力的基础数据及保障。

第三，原住民问题及日益严格的行业监管是加拿大油气项目及油砂项目发展面临的极大挑战。原住民享有加拿大宪法赋予的特殊土地使用权，在划定的原住民保护区内无权进行油气作业，而油气项目的许多作业极有可能会经过或涉足原住民居住地，对他们的生活造成影响。如油砂开采会占用原住民土地、污染水源，输油管线的修建会经过原住民属地等。近年来，越来越多的原住民对加拿大油砂行业的发展持反对和阻挠态度，担忧油砂开采对其生活环境带来污染问题等，这迫使加拿大政府加紧了对油砂行业的监管。2009 年，阿尔伯塔省政府发起"监管增强计划（REP）"，旨在加强对油气开发过程中环境问题、公众安全问题及资源利用问题的监管，在保障土地所有者权利的基础上，有效保护公共安全，增强环境管理，实现资源的可持续利用。此外，为了保证油气资源特别是油砂资源安全、健康、高效、环保和可持续的开发，阿尔伯塔政府建立了综合资源管理系统。另外，

2013 年，阿尔伯塔省能源监管机构负责监管石油、油砂、天然气、煤炭等项目的生命周期内的开发、废弃及复垦。2014 年，综合能源管理系统的管理职责逐渐涵盖了能源相关法案所涉及的能源发展部分，如《公共土地法》《环境保护和促进法》和《水资源法》等。

第四，加拿大油气资源财税体系十分完善。加拿大联邦政府及省政府都十分重视油气资源的管理与发展以及油气资源财税体系的制定与改革。近年来，随着加拿大财税政策优惠力度增大，致密油气、煤层气、油砂等非常规油气资源的勘探与开发取得了较大进展，如阿尔伯塔省政府鉴于北美地区页岩油、页岩气的快速开发与行业发展，2016 年公布了其最新的油气资源税税收架构——现代化矿税框架（Modernized Royalty Framework，MRF），4 月完成了最终计算公式，将矿税的计算刨除了一些成本如页岩油气开发所需要的水平井钻井成本。新矿税于 2017 年 1 月生效，油砂公司继续按照以往的方式缴纳资源税，但其他非常规油气公司的矿税将发生变化，能源公司的收入会随着油价的上升而上升，新框架也将使政府的税收随着油价上升而提高。此外，2016 年 7 月阿尔伯塔省政府宣布实施两种新的税收项目即"加强碳氢化合物回收计划（Enhanced Hydrocarbon Recovery Program）"和"新兴资源计划（Emerging Resources Program）"，以鼓励能源企业在前期开发上加大投资，并充分利用现有业务生产更多的石油和天然气。这两个项目以及新矿税体系，将鼓励油气公司开拓新的领域如致密气、页岩油等非常规资源，促进其他地区的勘探与开发，油气公司也将在一个较长的时期内减少开采税的支付。

加拿大油气行业发展迅速，油气公开出让区块次数及面积均较多，油气出让市场十分活跃，这与该国油气资源丰富以及完善且不断改革的法律财税体系是分不开的，也为公开出让规划的制定与修订、生效实施打下了夯实的基础。

2.3 公众参与加拿大政府油气区块出让规划的途径和效果

纵观加拿大各省油气区块出让规划的制定过程，公众参与尤其是原住民的咨询与参与贯穿了规划制定、修订完善及后续执行的各个阶段。

2.3.1 公众参与油气区块出让规划的途径

加拿大是一个十分注重公众参与政府事务的国家，加拿大法律明确规定在制定区域规划的过程中至少组织一次公众听证会。从阿尔伯塔省区域规划的制定流程中了解到，公众参与在区域规划的制定过程中发挥了很大的作用。阿尔伯塔省环境和公园部、能源部、阿尔伯塔省能源监管机构、油砂可持续发展部、农业部等区域规划相关部门的网站资料，以及区域规划制定过程中披露的公众参与报告，均总结了公众参与区域规划的主要途径。

在阿尔伯塔省，土地资源利用规划和区域发展规划是由组织部门与阿尔伯塔人合作制定的。政府注重在区块出让规划中反映阿尔伯塔人、利益相关者、市政当局和原住民的意见。例如同油砂资源开发密切相关的下阿萨巴斯卡区域规划（Lower Athabasca Regional Plan）是在土地利用框架下制定的第一个区域规划，由省内阁批准后于 2012 年 9 月生效并实施，该规划制定的一个重要目的是实现资源开发与环境保护、可持续发展的平衡，为油砂资源的开发增加确定性，降低其在实施中受到公众、环境等因素的制约程度，为油砂资源区块出让提供规划原则。

阿尔伯塔省政府致力于在阿尔伯塔公众的参与下制定区域规划。规划组织部门准备与公众咨询或与公众磋商时，会在阿尔伯塔省环境和公园部网站以及公共咨询网站或当地媒体上公布咨询的时间和地点。

公众主要通过以下途径参与区域规划的制定。

（1）公共会议：公众以及利益相关者可在公众会议上发表对规划制定或者修订的意见以及对区域发展的建议，组织部门针对公众提出的问题做出解答，并与公众探讨可能的解决方案。如在阿尔伯塔省区域规划制定过程中的第一阶段规划前期，组织部门通过公共会议的方式向公众征集区域现状及区域愿景的相关信息。

（2）公共听证会（Public Hearing）：加拿大法律规定，在规划的制定过程中必须举行公共听众会，听取相关人士的意见，且听众会对公众开放。

（3）公共招待会（Public Open House）：规划组织部门会面向公众举行公共招待会，在规定的时间内针对某些议题接待公众，向公众征询信息以及区域发展愿景，介绍规划的相关内容如法律法规、规划进程等。公众可在相关网站上获取招待会的议题、时间及会议安排，会上也会备有免费的午餐及茶点等。

（4）讨论会（Workshops）：规划师、政府官员、公众针对规划制定过程中的具体问题，按照一定程序和方式探讨解决方案。

（5）传统书信邮寄（Mailing）：公众可通过邮寄方式递交针对资源开发、油气区块出让规划等方面的意见。

（6）公众意愿调查（Survey）：公众意愿调查是规划制定过程中最常见的一种方法，通常同公共会议一样，在规划前期进行。

（7）专题论坛：加拿大也鼓励就公众普遍关心但存在争议的区块出让等相关重大问题建立专题网站，请相关专家发表专题意见，也邀请持不同意见的公众和非政府组织等自由发表意见，鼓励通过论坛进行辩论，从而提升大众对油气业务发展规划的认识，也有助于油气区块出让规划部门更深入了解公众的意见从而进行针对性的协调或修改相关规划。

（8）专题培训和考察：油气区块规划部门也经常就资源开发规划

相关的重大问题，例如区块出让后的资源开发导致油气管道的安全性，钻井等活动对地下水的影响等问题面向公众举办专门的培训，或制作普遍分发的培训资料，或组织公众代表参观钻井现场等，提高公众对资源开发的认识和对区块出让规划的支持。

（9）电子系统：阿尔伯塔省油气出让都是通过电子系统举行的。公众、公司团体以及竞标者可通过该系统提交关于意向区块的请求。此举措促进了油气区块的出让并进一步盘活了油气区块。

阿尔伯塔省公众参与区块出让规划制定的形式多样，公众可通过听证会、小组讨论、民意调查、公众会议、研讨会等方式参与规划的制定。加拿大在规划的制定及实施过程中，通过建立广泛且包容的公众参与方式，不断地吸纳公众意愿，协调各种利益与冲突，从而使区域规划等决策更加得科学合理，也在很大程度上获得了公众的理解与支持，促进了区域规划的制定、实施与监督，保证了区域内资源的可持续稳定发展，并促使加拿大各民族群体相对和睦，社会发展总体协调，油砂等资源的开发获社会支持而迅速发展。

2.3.2　公众参与区域规划的案例与实施效果分析

本节以阿尔伯塔省重要油气产区下阿萨巴斯卡区域规划为例，分析公众参与区域规划的流程和实施效果。

在制定该规划时，区域咨询委理事会、原住民、利益攸关方、市政当局以及公众均积极为该区域资源利用规划的制定提供相关信息。公众的参与可分为三个阶段[50]，见表2.4。政府在该地区先后就该规划举办了80多场公共和利益相关方的会议，地点在毗邻的土地利用框架区域、埃德蒙顿和石油城卡尔加里。会议在15个不同的城市和社区举行，包括油砂开发中心麦克默里堡和史密斯堡、拉比奇、冷湖和圣保罗。在区域规划的制定过程中，组织者收到了超过1000份的咨询工作手册和其他文件，绝大多数为网上获取。

表 2.4　阿尔伯塔省区域规划公众参与主要阶段

公众参与阶段		公众参与阶段成果报告
第一阶段	区域信息收集并提高公众区域规划认识	第一阶段区域规划公众参与总结
第二阶段	区域咨询理事会意见反馈	第二阶段公众咨询总结 第二阶段利益相关者磋商总结 第二阶段意见工作薄摘要
第三阶段	综合区域规划草案反馈	第三阶段公众咨询总结 第三阶段利益相关者磋商总结 第三阶段意见工作薄摘要

第一阶段：区域规划信息收集及答疑。在 2009 年 5—6 月期间，阿尔伯塔省政府共举办了 14 次公共招待会和 10 次利益相关方的咨询会议，这是下阿萨巴斯卡区域规划进程的第一阶段的一部分。会议主要有两个目标，一是告知公众政府部门对土地利用框架的信心，并向公众介绍区域规划相关内容；二是向公众征集与区域现状及愿景相关的信息。为了实现这两个目标，组织部门会提供该区域的概况介绍材料，涵盖区域内社会、经济、环境、油砂资源以及开发前景情况等要素，以便公众了解并在制定规划时提供参考。

第一阶段共有 271 人参与了公众和利益相关方的公共招待会及咨询会议，从油砂业务中心麦克默里堡的 38 人到偏远社区的不到 10 人不等。来自公众和利益相关方的意见被收集并提交到该阶段的公众磋商总结报告中，公众和利益相关方可以在区域规划制定网站上获取该报告，报告中还包括区域咨询理事会的建议。

第二阶段：区域咨询理事会意见反馈。主要致力于获取下阿萨巴斯卡区域咨询理事会对区域愿景的意见及评论——政府举办一系列公共招待会、研讨会和会议，并邀请公众、利益相关者、市政当局等共同参与。大约有 490 人参加了公共招待会，270 名利益相关者参加了在该地区的许多地点举行的研讨会，以及在阿萨巴斯卡地区以外的几个中心举行的研讨会。公众积极参与也反映了社会对油砂资源开发与区域综合发展的密切关注。

政府还鼓励公众审查区域咨询理事会的建议文档，通过在线或者书面等方式提供反馈。最终，共收到813个意见工作簿（大部分是电子版的），以及281个在线提交和108个书面提交的评论。该阶段主要成果也将汇总在区域愿景意见报告中并在相关网站上公示。本阶段主要汇总了三个报告，包括公众咨询会议的结果、利益相关者咨询会议结果以及收到的工作簿的反馈，这一阶段对于制定规划草案至关重要。

第三阶段为草案反馈，主要是针对下阿萨巴斯卡区域规划草案向公众征询意见并反馈，公众主要就该区综合区域规划草案中的战略规划、实施规划等提交建议及意见。

该阶段组织者与公众、利益相关者和市政当局举行了一系列的公共招待会、研讨会和会议，大约有460人参加了公共招待会，320名利益相关方参加了在该地区和该地区以外的几个中心举办的研讨会。同时，公众可以在网上获取区域规划草案，组织者鼓励所有的阿尔伯塔人审阅草案，且所有人都可以通过网上或者电子邮件发表关于草案的任何意见和建议。在下阿萨巴斯卡区域规划草案意见的收集过程中，组织部门共收集到329份意见书，其中绝大多数为电子版，网上在线提交的有119份。

第三阶段内，公共咨询总结、利益相关者磋商总结及意见工作簿摘要等三个关于草案的反馈报告都将在区域规划网站上公布，区域规划制定部门在采纳草案反馈建议后完成区域规划。经省内阁批准后，规划将作为政策在区域内实施，其中就包括实施油砂资源开发规划及区块授予活动。

从该油砂资源核心地区的区域规划公众参与的三个阶段来看，政府十分鼓励公众参与资源利用区域的规划制定。从阿尔伯塔省现有区域规划的制定过程看，区域规划既是省政府与公众合作制定的，也是省政府对公众的承诺。公众在参与的过程中获取了区域规划的相关信息，如区域现状、区域愿景、战略规划及行动等，加深了公众对区域的了解，同时，组织者也能通过公众参与而收集到公众对区域未来的规划目标和愿景等信息。由此，双方信息达到了互通有无，双方实现了互相监督，区域规划在作为政策实施后，即可被公众快速了解和执行，确保实现该规划中制定的重要目标，即提高油砂资源开发的经济性和确定性。

2.3.3　区块出让规划过程中原住民意见征询与实施效果

从阿尔伯塔省区域规划制定流程中可以看到，原住民咨询贯穿了规划制定的始终。原住民意见征询属于公众意见征询的一部分，但具有显著的特殊性。加拿大原住民（Aboriginal People）分布在各省及三个少数民族地区，一般是指印第安人（First Nation）、生活在北极地区的因纽特人（Inuit）以及梅蒂斯人（Métis）。原住民拥有受宪法保护的权利，在土地利用框架和区域规划中具有独特的地位。很多原住民仍然保持狩猎、牧渔等自然的生活方式，对于石油开采等活动十分敏感，获得原住民对油气区块出让规划的支持是保障规划顺利实施的关键，甚至可以决定规划的成败。加拿大政府对此十分重视，会在教育培训、沟通交流等多方面征询原住民的意见，努力获得他们的支持。例如阿尔伯塔省2012年生效的油砂重要产区下阿萨巴斯卡区域就包括17个原住民保留地，2个梅蒂斯居住地及数个梅蒂斯人数占比较大的社区，获得这些部落的支持便成为实现该区域规划的一个重要目标，即增加油砂开发确定性的关键因素。

阿尔伯塔省政府受宪法授权来管理该省的土地，以造福所有的阿尔伯塔人。然而，根据加拿大宪法（1982年）第35条规定，原住民社区受宪法保护，承认并确认原住民现存的原住民权利和条约权。其中，原住民权利是指传统上原住民行使的权利，包括原住民社区特有文化的习惯、传统和活动，例如捕猎、设陷阱捕捉动物、打渔和采集的权利，若原住民的产权得到认证，其权利还包括对土地本身的权利。条约权则是指在历史条约和现代条约中列出的权利。阿尔伯塔省政府将继续履行宪法规定的法律义务与责任，征求原住民社区意见，与原住民进行协商。为支持协商，省政府在 2005 年批准了阿尔伯塔省关于土地管理及资源开发的印第安人咨询政策——《The Government of Alberta's First Nations Consultation Policy on Land Management and Resource Development》，这一政策鼓舞了原住民参与区域规划及土地管理决策的制定，也是政府必须就资源开发、区块出让规划等征求印第安人意见的法律依据。

加拿大联邦对原住民及其保留地有专属立法权，并且已经制定了《印第安人法》《第一民族财政管理法》《第一民族土地管理法》和《印第安人石油和天然气法》等。一系列法规、区域规划及土地管理决策的制定、审查以及监督都是以改变及改进政策为目的，这确保了规划能满足相关省人民、原住民以及工业发展的需求。在涉及原住民权益的土地上进行资源开发作业时，政府（包括联邦政府和省政府）应遵循宪法规定，需要依照法律与原住民进行磋商，并在适当的情况下做出通融。联邦政府和省政府通常会促使项目的提议方和原住民订立协议，如权益影响协议或者参与协议，也会签署与原住民分享税收和其他收入的协议，包括多种不同的对原住民权益的保证，如提供就业机会、支持教育和培训等，这一类的协议可以帮助解决原住民所关注的问题，建立稳定的框架推进项目的开发。阿尔伯塔省还创建了一个"三角进程（Trilateral Process）"（包括来自各行业、原住民以及政府部门的高级代表）来应对具体的实施挑战，这些均为在制定区块出让规划时与原住民沟通提供极大便利。

阿尔伯塔省还认识到拥有宪法保护权利的印第安人和梅蒂斯社区具有独特的地位，了解区块出让区域的地理环境等信息，也可以为土地利用框架及区域规划、资源开发活动背景等提供信息，有助于建立更合理的规划。在区块出让规划方面，积极主动咨询土著社区的意见，尤其是那些有可能对其宪法保护权利产生不利影响的方面，协调原住民利益对于实现区块出让规划至关重要。因此，阿尔伯塔省政府寻求各种与原住民社区接触的机会，并邀请他们分享传统生态知识，主动告知该地区的土地和自然资源规划，征询其意见。此外，部分油气出让区块以及部分油气项目甚至可由政府、企业和原住民共同管理，实现原住民的更深入介入。土地的使用以及油气项目的许可，都需要征询原住民的意见，原住民对区域内的油气项目开发及油气区块出让都有发言权。如果原住民认为规划的油气出让区块或者规划的预建基础设施影响了他们现有的生活方式及环境，即可向政府部门上诉，政府部门收到后将公开处理，确保其权益不受影响。此外，规划还充分发挥了原住民文化的作用，如下萨巴斯卡区域规划中的公园规划就利用了原住民丰富的文化、生态和历史知识以及管理实践，来制定省公园系统中新的和现有的公园规划。阿尔伯塔省还将持续进行与原住民的会议和讨论，注重保护弱势群体原住民的生存权利及确保原住民权益，做到互相尊重，互相受益，让原住民参与到区域的综合发展中来，使其能够分享油气业务发展的果实，并在对项目进行环境评估时，把原住民的意见作为至关重要的考量因素。同时，还鼓励原住民监督所在地区的环境，协助区域规划的制定、执行及监督，保证该地区的可持续发展。总之，阿尔伯塔省政府尽可能发挥原住民在参与区块出让规划制定以及监督油气规划实施方面的积极作用，总体保障了油砂、致密油气等资源区块出让工作的顺利进行。

加拿大其他产油气大省也建立了类似的有关区块出让规划的原住民意见征询和沟通交流机制。加拿大能源部也曾经专门安排该部落人员同国际油气投资者见面，并成功获得了该部落对该省西北部天然气区块开放、建设配套天然气管线等重大工程的支持。

2.4 加拿大政府油气区块出让规划实施效果

加拿大的油气区块出让规划包括短期的区块出让日程规划、出让区域规划及长期的区域资源管理规划。就短期出让规划实施而言,首先明确了出让时间及区块,竞标者、公众、利益相关者等均能及时地获取相关信息,也可以在规定的时间范围内向政府部门等出让组织者提交意见及需求,便于出让的顺利进行及管理。以阿尔伯塔省为例,省政府每两周就组织一次油气区块出让网上竞标,使加拿大成为油气区块盘活高度市场化、区块出让高度机制化的典型国家,如果没有有效可行的油气区块出让规划,这是根本无法保障的。

长期的综合区域规划及资源发展规划,如阿尔伯塔省 2012 年 9 月生效的下阿萨巴斯卡区域规划,是阿尔伯塔省第一个区域规划。区域内于 2009 年生效的油砂责任开发法案,是在阿尔伯塔省的三个油砂区和工业中心地带进行油砂开发而实施的 20 年战略规划。区域规划及油砂法案实施后,油气领域发生了巨大变化。加拿大油气储量及产量主要来自西加拿大盆地,油气区块的出让也多集中在此,以阿尔伯塔省占比最大。从阿尔伯塔省 2008 年启用土地利用框架后,随着区域规划的制定、实施以及油砂责任开发法案的执行,该省按照规划推出大量油砂区块,油气产量尤其是油砂项目的产量,都有了很大幅度的上升,油砂项目潜力也得到了很大的释放。政府出让了大量油砂区块,同时在北部和西部边远地区也出让了大量非常规资源勘探开发区块。

根据 BP 能源统计,截至 2016 年底,加拿大实现剩余石油可采储量 1715×10^8 bbl,列世界第三位,加拿大的石油探明剩余可采储量在 1998 年由 498×10^8 bbl(油当量)上升至 1815×10^8 bbl(油当量)(图 2.21),上升了 264%;油砂储量现占加拿大石油储量的 96%,绝大多数都富集在阿尔伯塔省。10 年来,加拿大石油产量增长

了 $130×10^4$bbl/d，油砂年产量也增长了 $7145×10^4m^3$，约 $4.5×10^8$bbl（图 2.22），并成了世界第六大产油国。

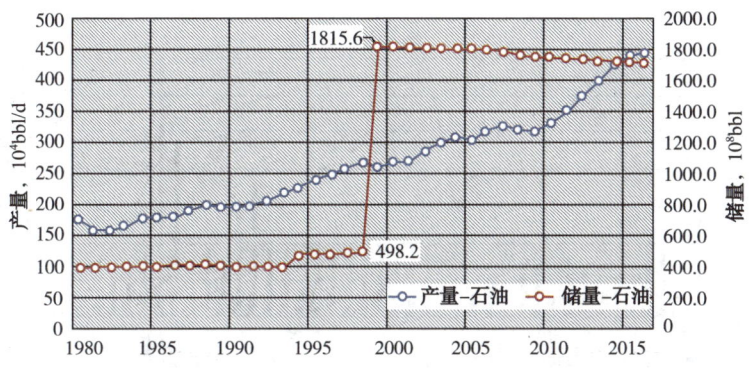

图 2.21　加拿大历年石油储产量概况

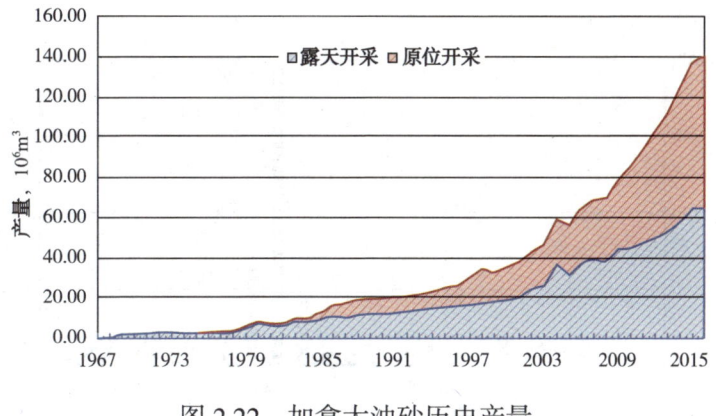

图 2.22　加拿大油砂历史产量

图 2.23、图 2.24 所示的为阿尔伯塔省历年常规油气区块及油砂出让区块面积及获取的贡金关系曲线，列示了加拿大历年的油气产量、油砂产量。从图中可以看到加拿大的原油产销量总体一直处于上升趋势。阿尔伯塔省 1977—2015 年累计出让油气区块面积约 $120×10^4km^2$，出让金总贡金达 370 亿加元，高度盘活了油气区块，产量上升迅猛，这些数据充分证明了目前加拿大油气区块公开出让规划是成功的。出让规划提供了大量出让区块，并成功吸引了大量投资者，为国家获得

丰厚的巨额出让金并极大地发展了本国的油气工业，实施效果十分显著。

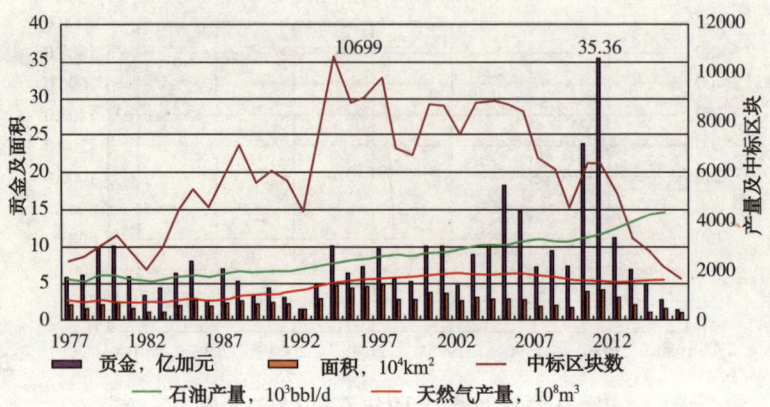

图 2.23　阿尔伯塔省历年常规油气区块公开出让概况及油气产量

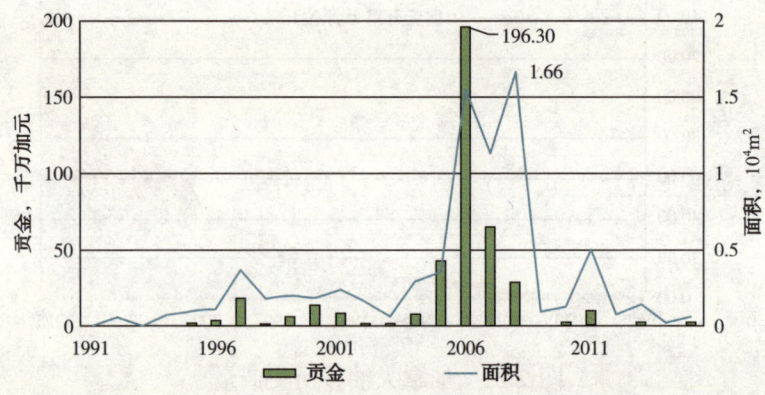

图 2.24　阿尔伯塔省历年油砂公开招标概况

区域规划在注重经济效益、开发油气资源的同时，也十分注重人文关怀。如在原住民问题上，阿尔伯塔省政府承诺遵守宪法赋予原住民的权利，在制定区域规划时大力征询原住民的意见，也鼓励原住民积极投入区域规划的建设以及区域规划的实施。省政府建立了原住民委员会，向原住民介绍区域规划以及区域规划带来的益处，创办各种技术培训班，寻求机会与原住民社区接触，邀请他们分享传统知识，向公众介绍原住民文化，并向原住民阐释土地和自然资源规划。如在2013年和2014年，阿尔伯塔省环境和公园部与原住民咨询机构持续交流，就区域规划的实施情况不断进行磋商，其中包括南阿萨斯卡斯油砂地区的区域战略评估、发展生物多样性管理框架、景观管理规划和麋鹿管理计划等。期间，阿尔伯塔省政府延续了2013年原住民自然资源管理磋商政策，就可能对原住民权利或传统用途产生不利影响的拟议举措进行磋商。除了邀请原住民参与区域规划制定外，还邀请原住民参与次区域综合资源规划，此举突显了土地的文化和经济重要性，着重考虑了规划对原住民生活权利（如狩猎、捕鱼和捕获食物）、鱼类和野生动物管理以及原住民经济发展的影响，力求维护原住民狩猎、捕鱼和捕捞的传统，并与该地区的景观管理规划和谐一致。

在与原住民的会谈和讨论中，阿尔伯塔省始终如一地贯彻着"确保原住民权益，互敬互爱，互利互惠"的原则，这对区域规划起到了积极的促进作用。区域规划也将继续完善并改进阿尔伯塔省的监管程序。2013年，阿尔伯塔省能源监管机构负责监管石油、油砂、天然气、煤炭等项目的生命周期内的开发、废弃及复垦。

此外，区域规划及出让规划还高度重视环境保护。阿尔伯塔省在区域规划中建立了油气区块出让预期成果及目标，以及实现这些目标所需采取的战略和行动，并规划建立了评估规划预期成果及目标的综合监测、研究以及报告系统。为了确保规划有效实施且能与当地开发活动相关联，省政府还致力于监测区域规划的进展，并在相关网站上公布区域规划的成果及省级关联成果。省政府将采取各种机制，就区域规划进展与省人民进行沟通，包括区域规划的实施、进展以及各种具体问题的处理等。除了土地利用框架下区域规划的进展报告，省政府还会公布现已生效的两个区域规划地区——下阿萨巴斯卡区以及南萨斯喀彻温区的环境管理框架的状态及管理响应报告，使公众能够持续跟踪油砂等资源的开发对环境的影响。油气行业作业者在实施油气出让规划时从项目申请到最后的复垦都需要严格按照监管部门的要求以及区域规划中的监管细节规划，并及时汇报项目进展。

区域规划及出让规划致力于创建并保护健康的生态系统和环境，减少土地扰动和建立新的保护区。根据下阿萨巴斯卡区域规划，该地区新增了16%的新保护区，保护区总面积占区域面积的22%，约$2×10^4 km^2$。该地区参照《Mines and Minerals Act》取消了新保护区内原有的油气协议，并按《矿产权补偿条例》的规定，对取消的油气协议进行了补偿。截至2014年3月31日，整个地区已取消了新保护区内的76份油砂协议，帝国石油资源有限公司自愿放弃了他们在保护区的一部分油砂协议。区域规划及油砂法案实施后，油气领域发生了巨大变化，同时也彰显出区域规划以及出让规划旨在协调人类、资源与环境的关系，重在维护区域内资源的可持续发展，保护自然环境的同时维持区域内经济稳定增长。

第3章 墨西哥政府油气区块出让规划

3.1 墨西哥政府油气区块出让概况

3.1.1 墨西哥油气工业总体概况

墨西哥位于北美洲西南部,西临太平洋,东濒墨西哥湾,国土面积 $196 \times 10^4 km^2$,人口约1.2亿(据2014年统计),为拉丁美洲大国。

墨西哥油气资源丰富,根据 BP 2017 年发布的世界能源统计数据显示,截至2016年底,墨西哥探明原油储量为 $108 \times 10^8 bbl$,居世界第14位,天然气探明储量 $3000 \times 10^8 m^3$,如图 3.1 所示。墨西哥是除欧佩克外重要的油气生产国,目前为世界第十大原油生产国,同时是美国第三大石油进口来源国(据2017年统计)。

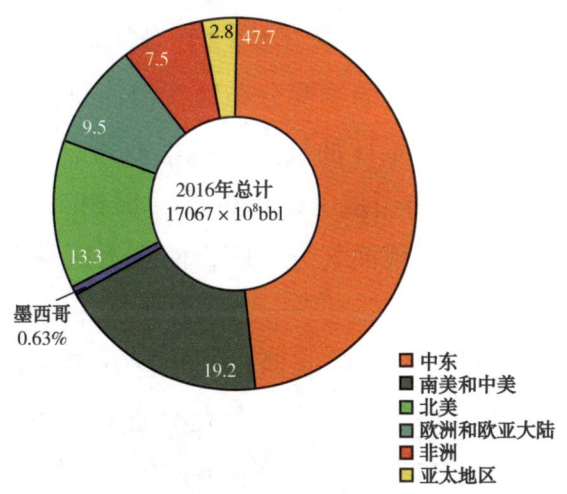

图 3.1 全球原油探明储量分布(BP,2017)

墨西哥 2016 年原油产量为 246×10⁴bbl/d，较 2015 年下降 5.1%，且自 2004 年起，已连续 13 年呈下滑趋势[51]（图 3.2）。

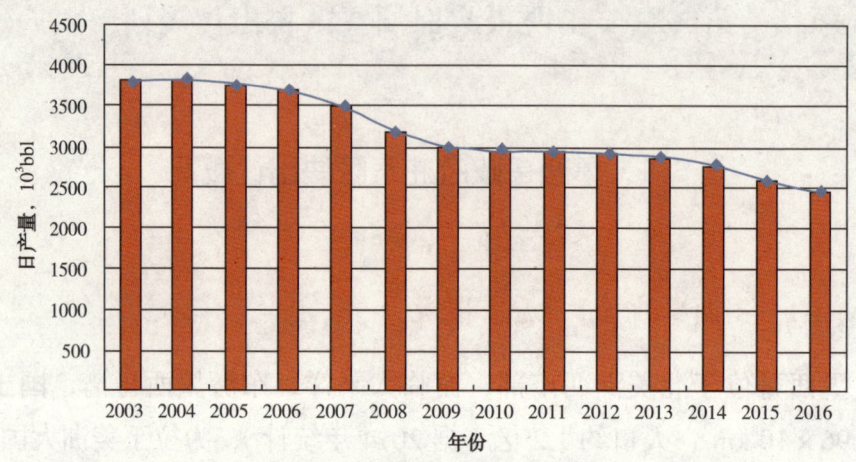

图 3.2　墨西哥原油年度平均日产量变化

墨西哥含油气盆地主要分布于北带、中带、南带和深水区，包括萨比纳斯（Sabinas）盆地、布尔戈斯（Burgos）盆地、坦皮科—米桑特拉（Tampico-Misantla）盆地、韦拉克鲁斯（Veracruz）盆地、东南盆地和墨西哥湾盆地，大部分油气资源集中于东部距海岸线 150km 以内的墨西哥湾沿海与近海地带[52]（图 3.3）。其中东南盆地为最重要的含油气盆地，是产量和储量的主要分布区，墨西哥已探明储量的 87% 集中于此，以产油为主，累计油气产量占墨西哥总产量的 82.7%，已发现储量在 1×10⁸bbl（油当量）以上的油气田 50 个。坦皮科—米桑特拉盆地是最主要的非常规油气分布区，而深水区是最具勘探潜力的常规油气富集区（表 3.1）。

由于过去墨西哥油气行业体制僵化，经营方式落后，生产效率低下，以及受到坎塔雷尔油田和其他海上大型油田减产影响，墨西哥原油日产量由 2005 年的 350×10⁴bbl 下降到 2016 年的 246×10⁴bbl，减少 29.7%。墨西哥 90% 以上的原油产量来自开采年龄超过 20 年的老油田，且其 80% 以上的油田已进入稳产期或递减期，因此石油勘探开发亟须新的突破（图 3.4）。

图 3.3　墨西哥主要含油气盆地分布

表 3.1　墨西哥含油气盆地储量评估（CNH，2014）

盆地	累计产量 10^9bbl	1P 储量 10^9bbl	2P 储量 10^9bbl	3P 储量 10^9bbl	远景资源量 10^9bbl
东南	46.5	11.8	17	23.4	16.8
坦皮科—米桑特拉	6.5	1.1	6.6	15.7	37.2
布尔戈斯	2.4	0.3	0.5	0.7	13.8
韦拉克鲁斯	0.8	0.2	0.2	0.3	2
萨比纳斯	0.1	0	0	0.1	14.4
墨西哥湾深水	0	0.1	0.4	2	27.1

根据墨西哥国家石油公司（PEMEX）统计数据显示，2014 年墨西哥国内新钻井共 535 口，其中勘探井 24 口，探井成功率为 33%，开发井 511 口，成功率达 95%。陆上区块单井平均日产油气 370bbl（油当量），平均井深 2738m。墨西哥油田平均开发成本为 21.4 美元 /bbl（CNH，2014），考虑目前开发的主要为常规油气田，成本相对较高。

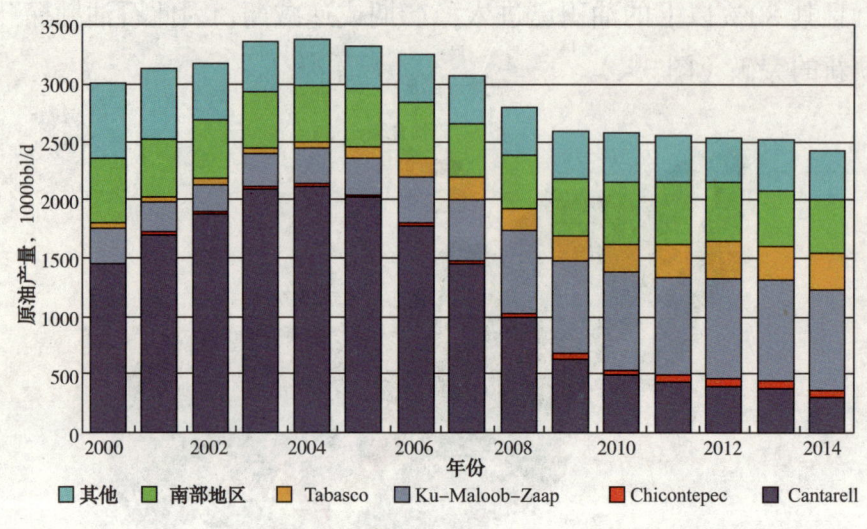

图 3.4　墨西哥原油产量分布变化（CNH，2015）

总体而言，墨西哥大部分油田经过长期的开发经营，生产和生活设施完备，后勤保障系统成熟，道路和运输管道比较便利，当地自然和人文环境也比较稳定。

墨西哥所产出原油均集中送至米纳蒂特兰附近的中心站，经输油管道输送到国内 6 座炼油厂以及出口基地。坦皮科是墨西哥最大的原油运输港口，周边 160km 内分布国内四大油田，是全国最大的石油开采和加工中心，有输油管道通向东南部城市蒙特雷和中东部石油工业城市波萨里卡。卡门则是墨西哥湾海上油井服务基地。截至 2014 年，墨西哥国内共建成原油运输管道 5223km，主要集中于南部地区，北部区域管道建设有待进一步加强（图 3.5）。

墨西哥现有 1.2×10^4 km 输气干线网络管道，外加约 10×10^4 km 的城市供气网和私有管道[53]（图 3.6）。至 2014 年，墨西哥国内共有集气站 10416 座，11 个天然气处理中心，日均处理天然气 $44.5 \times 10^8 ft^3$（折合 $460 \times 10^8 m^3/a$）。

第 3 章
■ 墨西哥政府油气区块出让规划

图 3.5　墨西哥原油管线分布图

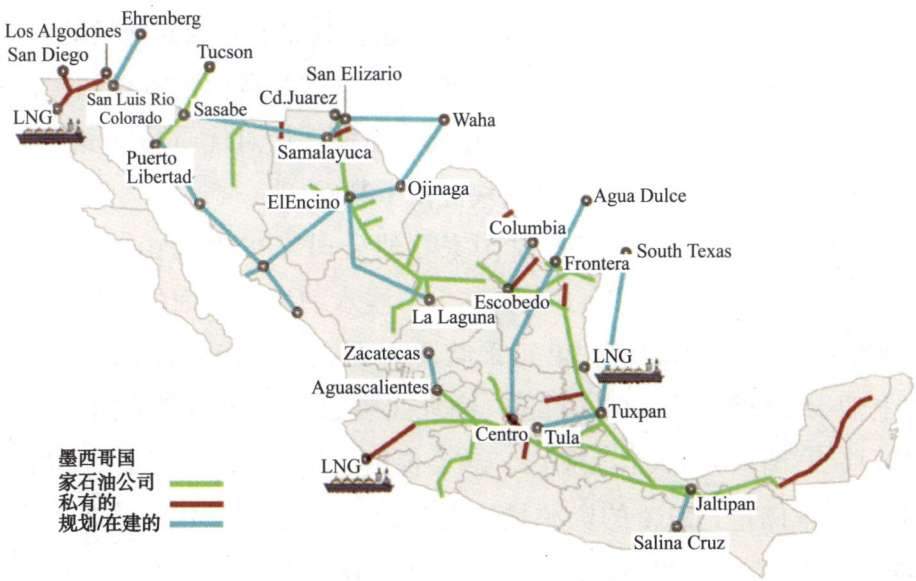

图 3.6　墨西哥天然气管线分布（2014）

133

3.1.2 政府开放区块来源概况

墨西哥宪法规定油气资源归国家所有。2013 年启动能源改革前,墨西哥国家石油公司(PEMEX)代表国家对所有油气区块行使管理和经营的权力,这也就意味着,PEMEX 垄断了墨西哥油气区块的勘探开发业务和行政审批的权力。墨西哥政府于 1938 年将当时美国、英国、荷兰等国家的 17 家石油公司收归国有,成立墨西哥国家石油公司。至能源改革前,墨西哥国家石油公司一直垄断着本国境内的油气资源的勘探、开发、炼制、运输和销售业务,公司营业收入最高时占墨西哥政府预算的 34%,成为关系国家经济命脉的重要国有公司[54]。

2012 年 12 月,墨西哥总统培尼亚上台后,大力推进能源改革。2013 年 12 月,能源改革法案获参议院批准,墨西哥能源改革正式启动,同时标志着墨西哥国家石油公司(PEMEX)长达 76 年的油气行业垄断的结束。

随着墨西哥能源改革的开展,作为一项重要的过渡措施,国家石油公司有权在私有投资者竞标前,优先选择其希望勘探和开发的区块,然后将剩余区块退还给政府供对外招标,这就是所谓的零轮招标,零轮招标在拉美地区十分普遍,这有利于国家直接对优质油气资源的控制,同时为国家对外出让油气区块提供了基础[55]。

2014 年 8 月 13 日,墨西哥国家石油公司(PEMEX)参与了墨西哥政府的零轮招标,保留了包括陆上、浅水和深水在内的 39.6% 的油气区块(图 3.7),预计总 2P 可采储量达 206×10^8 bbl(油当量),其中陆上油田 2P 储量为 88×10^8 bbl,浅水区块 2P 储量为 114×10^8 bbl,深水区块 2P 储量为 4×10^8 bbl。PEMEX 保留了所有在产油田,保留 83% 的 2P 可采储量,21% 的资源量(表 3.2)。因此,PEMEX 根据墨西哥能源部(SENER)的建议,最终决定让出 60.4% 的油气区块和 17% 的 2P 储量(图 3.8),约合 24.5×10^4 km^2 以及 18.2×10^8 bbl 的 2P 储量[56],

交由政府进行公开出让招标。

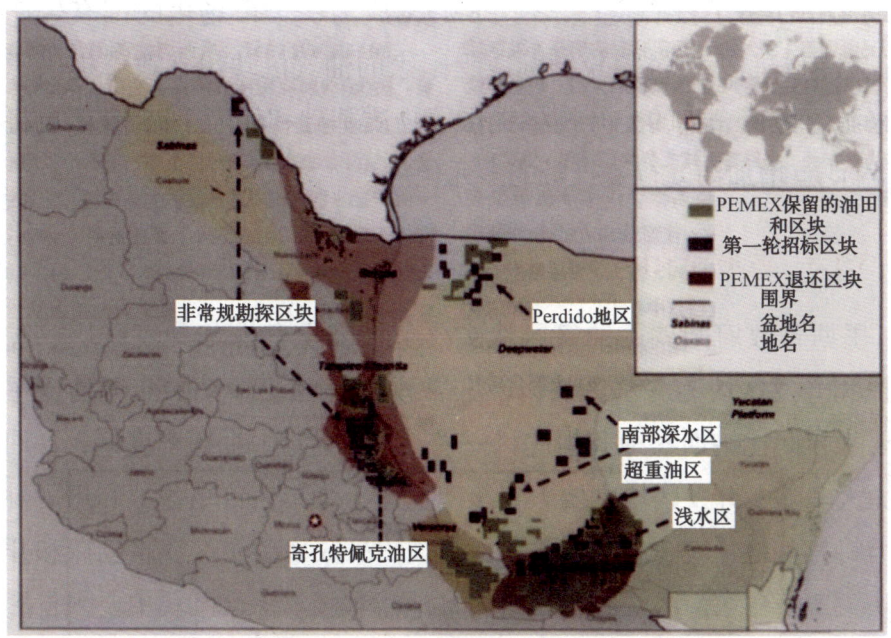

图 3.7　墨西哥零轮招标 PEMEX 保留和退还的区块

表 3.2　墨西哥零轮招标 PEMEX 保留的 2P 储量和资源量

区块	2P 储量，10^9bbl（油当量）	远景资源量，10^9bbl（油当量）
陆上	8.819	5.9
浅水	11.4	7.5
深水	0.397	4.8
非常规	—	3.9
合计	20.6	22.1

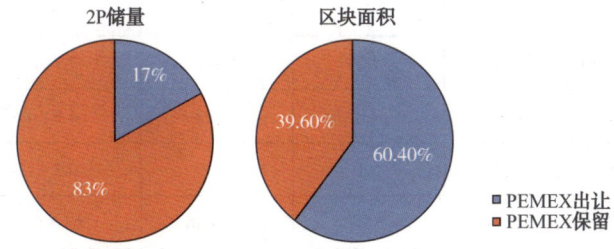

图 3.8　墨西哥零轮招标 PEMEX 保留的 2P 储量和区块

通过零轮招标，墨西哥国家石油公司（PEMEX）初步完成了市场化蜕变，保留了核心资产，使 PEMEX 成为一个市场化的国有生产企业；另一方面，通过零轮招标，为国家的油气区块出让改革提供了区块来源，为下一步的公开招标提供了物质基础和保障（PEMEX 也将参与竞标），增加油气行业投资的多元化。

3.1.3 政府开放区块勘探开发特点概况

墨西哥政府开放的油气区块主要包括陆上勘探和开发区块、浅水勘探和开发区块、深水区块以及非常规油气区块。其中陆上勘探区块主要来自萨比纳斯盆地和坦皮科—米桑特拉盆地，勘探程度低，含油气潜力大。陆上开发区块主要来自东南盆地、维拉克鲁兹盆地和坦皮科—米桑特拉盆地（表3.3），主要以提高油田采收率为主。浅水勘探和开发区块主要来自东南区块和墨西哥湾盆地浅水区。深水区块主要来自墨西哥湾盆地深水区。除此之外，墨西哥非常规油气资源十分丰富，政府开放区块主要来自北部的萨比纳斯盆地和布尔戈斯盆地（表3.4）。

表3.3 墨西哥陆上老油气区产量和储量统计

序号	油气区	剩余可采储量		产量	
		石油 10^8bbl	天然气 10^8m^3	石油 10^4bbl/d	天然气 10^8m^3/a
1	撒玛利亚—卢那	7.9	826.9	28.6	44.1
2	百洛特—朱约	6.2	493.5	16.0	16.9
3	奇孔特佩克	15.4	1209.3	7.3	12.3
4	马库斯帕纳—马斯帕克	1.2	190.9	7.1	19.6
5	坦皮科—米桑特拉	4.0	119.2	4.6	4.8
6	维拉克鲁兹	0.1	303.9	0.7	57.8
	陆上老油气区合计	34.8	31143.6	64.3	155.4
	全国老油气区合计	109.5	4345.4	245.6	299.0

表 3.4　墨西哥主要含油气盆地特征（2013）

盆地	面积 km²	勘探程度	产量 10⁴bbl/d	油气田数目	油气田规模	2P 可采 10⁸bbl	潜力
东南	63246	陆上：非常成熟；海上：成熟	182.49	322	1×10^8bbl 以上 50 个	494.06	常规油气重油
坦皮科—米桑特拉	6981	陆上：中等；海上：很低	7.8	205	1×10^8bbl 以上 45 个	103.8	非常规油气
布尔戈斯	2792	陆上：成熟；海上：很低	0.8	382	1×10^7bbl 以上 47 个	0.55	非常规油气
韦拉克鲁斯	—	陆上：非常成熟；海上：成熟	0.59	75	1×10^6bbl 以上 44 个	2.05	常规油气
萨比纳斯	78738	低	0	0	10×10^4bbl 以上 26 个	—	非常规油气
墨西哥湾深水	413167	中等	97.87	326	2×10^8bbl 以上 41 个	20.9	常规油气

墨西哥浅水区块位于东南盆地北部和墨西哥湾盆地南部，濒临主要油气产区（图 3.9），勘探开发程度较高，风险相对较小。大型和中型石油公司以及具备海上作业经验的石油公司对浅水区块有非常强烈的兴趣，因而浅水区块也成了墨西哥油气区块对外招标过程中竞争最为激烈的区域之一。

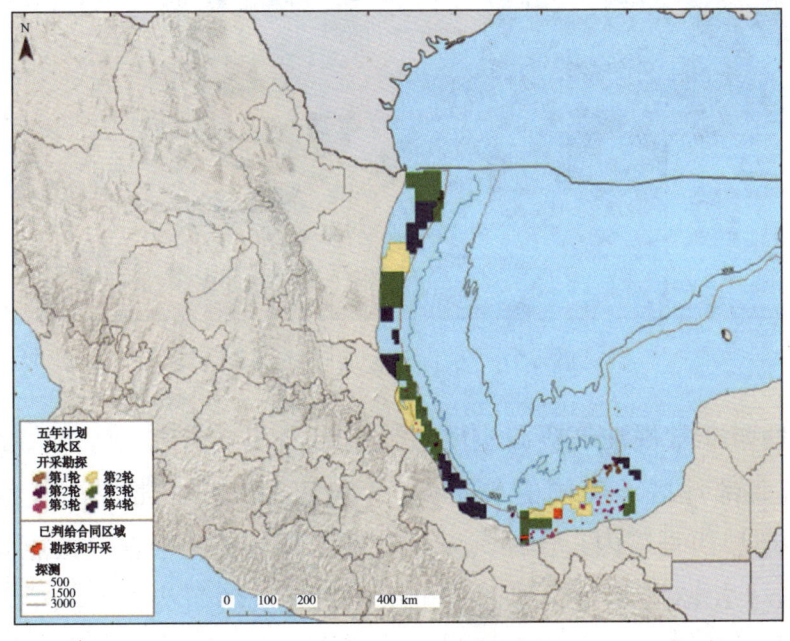

图 3.9　墨西哥浅水区块分布

墨西哥湾盆地深水区（墨西哥境内）油气资源丰富，已发现储量大于 $2×10^8$bbl（油当量）的油田 326 个，2P 剩余油气可采储量为 $4×10^8$bbl（油当量）(CNH，2014)。墨西哥湾盆地深水区的墨西哥一侧（南侧），勘探开发程度较低，潜力巨大（图 3.10）。但深水区块勘探开发技术复杂、投资高、风险大，国际大型石油公司对此区块十分感兴趣。美国的雪佛龙、埃克森美孚、挪威石油、英国的 BP 石油公司、法国的道达尔以及荷兰皇家壳牌公司等 26 家大型石油公司参与了墨西哥深水区块的竞标。

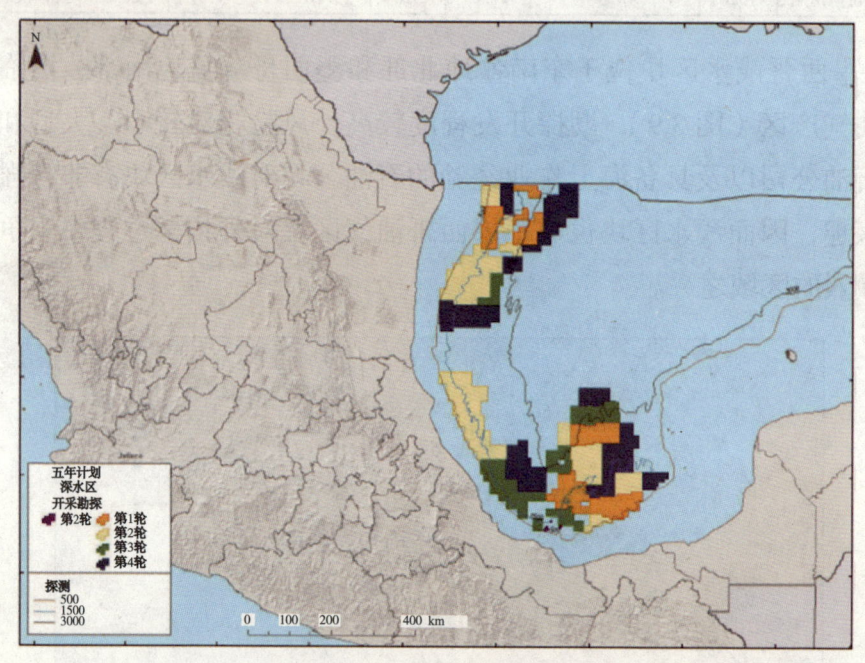

图 3.10 墨西哥深水区块分布

墨西哥非常规油气资源主要包括页岩油和页岩气，区块大多位于墨西哥北部地区，美国的 Eagle Ford 和 Woodford 非常规油气盆地边界延伸至墨西哥境内，含油气系统与墨西哥相似。根据美国能源信息署（EIA）2013 年报告，墨西哥可采页岩气资源量为 $545×10^{12}$ft^3（约 $15×10^{12}$m^3），页岩油可采资源量达 $131×10^8$bbl。由于目前受到地质环境和技术条件等因素的制约，页岩油气资源并未得到充分开发。

然而，墨西哥页岩油气勘探开发最具潜力的北部地区，正是贩毒活动猖獗的地区，稳定和安全形势不够理想。此外，页岩油气大规模开发的前提条件之一是充足的水资源（用于水力压裂），而墨西哥北部高温干旱，水资源比较紧张。随着页岩气勘探开发的持续深入，这些不利因素将成为制约其发展的主要瓶颈。

总体而言，墨西哥油气资源丰富，政府推出的对外开放区块既包含具有一定储量基础的陆上老油田改造项目，也包括具有巨大勘探潜力的深海区块，在全球资源国开放区块中相比美国、加拿大、澳大利亚、印度尼西亚、哈萨克斯坦、尼日利亚、阿尔及利亚等产油国资源条件较好，财税条款相对有利，因此对投资者具有较强的吸引力。

3.2 墨西哥政府油气区块出让规划方法和制定流程

3.2.1 区块开放规划管理机构和制定流程

3.2.1.1 区块开放规划管理机构概况

在墨西哥油气区块出让规划的制定过程中，清晰地明确了各部门在油气区块出让中的具体职能，建立了规划制定和执行的机构（图3.11）。

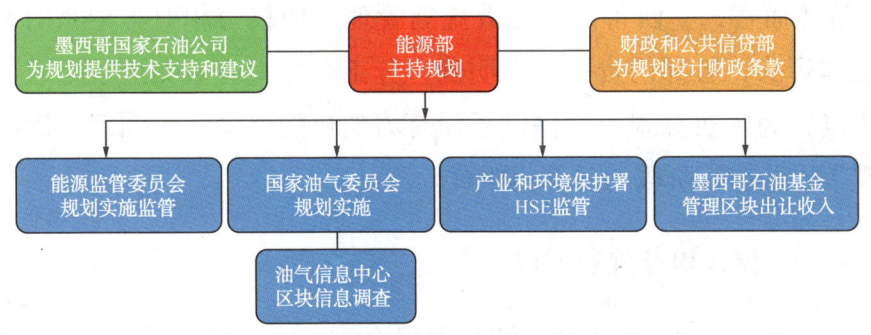

图 3.11　区块开放规划部门和分工示意图

墨西哥能源部（SENER）作为规划牵头部门，负责划分国家石油公司（PEMEX）保留的区域，制定整体目标计划，确定招标出让的油气区块的范围和时间，选择合同类型，制定合同条款。同时，能源部还负责组建招标委员会，对区块出让工作进行宣传推广，并评估社会影响。

国家油气委员会（CNH）负责建立招标区块资料室，制定招投标规则，根据能源部和财政及公共信贷部（SHCP）确定的条款，进行公开招标和合同授予，并负责批准勘探工作量和油田开发方案。同时，国家油气委员会还负责对海外勘探生产合同进行管理[57]。

墨西哥财政及公共信贷部（SHCP）确定合同和招标过程中的经济和财税条款，并且负责验证和审查合同执行情况。

墨西哥石油基金负责管理和支配区块开放带来的收入和油气销售收入，例如关税和矿费，但不包括所得税。

产业安全和环境保护署（ANSIPMA）负责作业过程中的HSE方面的监管，包括安全生产、水处理问题、固体垃圾处理以及节能和二氧化碳减排等问题。

墨西哥能源部下设国家油气信息中心，主要负责油气区块信息的调查和分析，并将相关信息上报国家油气委员会，从而为随后的油气区块公开出让招标活动提供信息支持和依据。

整体而言，墨西哥区块开放规划管理机构权力相对集中，由能源部总体牵头，各部门责任清晰明确，分工合作，有效促进了行政效率的提高，为区块规划工作提供了强有力的机构保障，也明确了后续区块授予以及执行阶段的各部门职责。

3.2.2 区块出让规划流程

2013年12月，墨西哥总统签署法令进行"二次立法"，正式启动能源改革，随后墨西哥政府制定了系统的油气区块出让规划。在区块出让规划的过程中,首先由国家油气委员会(CNH)下属的油气信息中心对现有的所有油气区块进行地质、油藏、经济效益等方面的综合背景调查,为下一步的油气区块出让规划和公开招标工作打下坚实的基础。具体而言,国家掌握的油气区块基本来自零轮招标中墨西哥国家石油公司(PEMEX)退还的区块,由于墨西哥国家石油公司长期经营,多数区块相关的勘探开发信息相对完善,因而在零轮招标中退还区块的同时,墨西哥国家油气信息中心也从墨西哥国家石油公司获取了大量的相关区块信息,为开放区块规划提供了大量基础数据,提高了规划的科学性和针对性。另一方面,除去信息完备的已开发油气区和勘探老区外,新的勘探区块或者勘探难度较大的深水区块,相应的区块信息仍然十分匮乏,显然不足以支持后期的规划和招标工作。对此,墨西哥《油气法》明确规定,国家油气信息中心负责委托授权第三方咨询调查公司,对目标区块进行信息调查和分析,第三方调查公司通过公开竞标的方式获取油气信息中心授权(Recognition and Surface Exploration Authorizations,ARES)。

在完成区块退还和信息调查工作后,由能源部制定总体的规划目标。墨西哥能源部于2015年9月30日制定了2015—2019战略远景五年计划[58],包括未来五年计划招标的油气勘探、开采区域和资源量等,作为区块开放指导性文件,招标活动基本根据该计划进行。五年计划的制定原则主要包括:(1)区块对竞标企业的吸引力;(2)公众、地方政府和环保的因素;(3)区块的信息完备程度(图3.12)。

根据五年计划的要求,墨西哥2015—2019年计划共开放油气区块$23.9 \times 10^4 km^2$,预计远景资源

图3.12 墨西哥油气区块出让五年计划(2015—2019)制定原则

量为 426.8×10^8 bbl（油当量），合计剩余地质资源量为 475.9×10^8 bbl（油当量）。其中深水区块开放面积为 $11.7 \times 10^4 \text{km}^2$，剩余地质资源量为 5×10^8 bbl（油当量），远景资源量为 65.94×10^8 bbl（油当量）。浅水区块计划开放面积 4.9 万平方公里，剩余地质资源量为 188.37×10^8 bbl（油当量），远景资源量达 35.55×10^8 bbl（油当量）。非常规陆上区块计划开放面积 $4.34 \times 10^4 \text{km}^2$，剩余地质资源量为 269.6×10^8 bbl（油当量），远景资源量达 313.27×10^8 bbl（油当量）。常规陆上区块计划开放面积 $2.9 \times 10^4 \text{km}^2$，剩余地质资源量为 12.96×10^8 bbl（油当量），远景资源量达 12.04×10^8 bbl（油当量）[58]（表 3.5）。

表 3.5　墨西哥 2015—2019 年规划油气开放区块基本信息表

类别	远景资源量 10^6bbl（油当量）	剩余地质资源 10^6bbl（油当量）	面积 km^2
深水	6594.3	500.1	117325.8
浅水	3555.1	18837.5	49080.1
非常规陆地	31327.0	26956.4	43450.6
常规陆地	1204.5	1296.2	29150.7
总计	42680.9	47590.2	239007.3

总体规划目标制定后，在国家油气委员会和财政及公共信贷部的协助下，能源部主持确定开放区块、选择合同类型、制定合同条款等主要区块开放基础规划核心工作，充分体现了能源部在整个区块开放规划流程中的核心地位。同时国家油气委员会作为具体招标组织部门和开发方案等监督部门，为能源部制定油气区块开放规划提供具体的技术支撑，而财政及公共信贷部则提供财税条款设计等方面的支持。此外能源部也需要在规划过程中征询各类企业、环保部门、军事管理部门等对油气区块开放方面的意见。接着，由国家油气委员会进行公开招标，完成合同授予，并监督合同执行情况。最后，能源部根据区块开放效果和各方反馈，对规划管理工作（包括总体计划、区块开放范围和时间、招标规则和合同条款等）进行调整（图 3.13、图 3.14）。

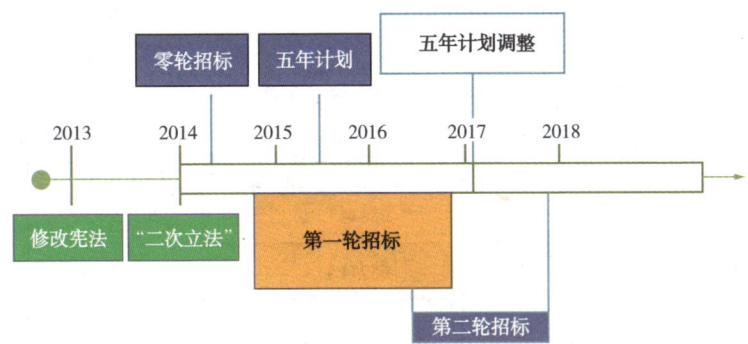

图 3.13 墨西哥油气区块出让规划流程和时间表

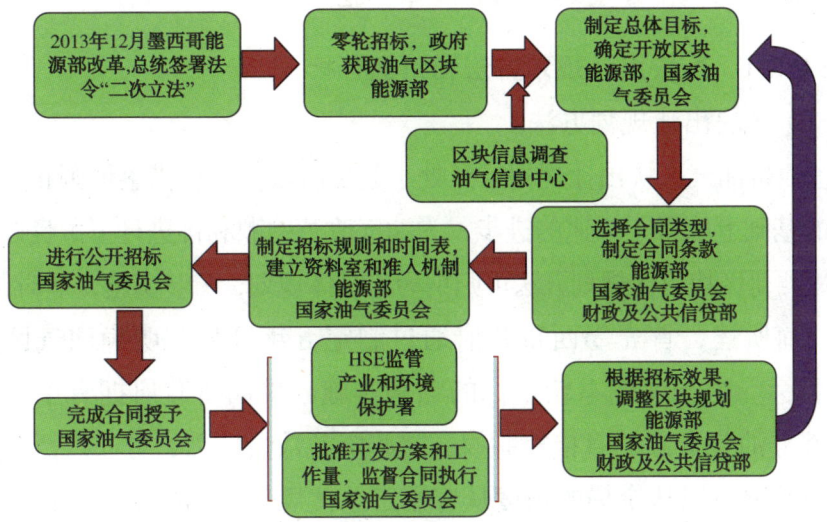

图 3.14 墨西哥油气区块开放规划和管理流程

墨西哥能源部也是规划调整的主管部门，例如根据第一轮招标进展和油气资源信息更新，该部于 2017 年对 2015—2019 五年计划做出了调整，计划开放区块面积较 2015 年五年计划增加 1.7%，远景资源量增加 9.9%，剩余地质资源量下降 27.8%[59]（表 3.5）。除考虑招投标因素外，调整内容也需要综合考虑自然资源和环境保护等因素，同时还需根据油气法等规定，与当地居民进行协商。这些均体现了能源部根据区块出让实际情况，及时调整区块出让规划，更好地推进油气业务开放和吸引投资。

表 3.6 墨西哥油气开放区块五年战略规划调整

资源		2015 年战略 5 年计划	2017 年战略 5 年计划	区别，%
总计	远景资源量，10^6bbl（油当量）	38844.1	42680.9	9.9
	剩余地质资源量，10^6bbl（油当量）	65944.5	47590.2	−27.8
	面积，km^2	235070	239007.3	1.7

3.2.3 区块出让规划方法和具体实施方式

3.2.3.1 区块出让规划方法和特征分析

（1）区块出让规划方法。

墨西哥油气区块出让规划虽然处于起步阶段，但在借鉴他国相关有益经验的基础上取得了快速的进步，为油气改革的顺利推进打下了良好的基础。墨西哥区块出让规划方法可归纳为：总体规划，分步实施，适时调整。

如前所述，首先墨西哥政府通过制定五年计划，明确油气区块出让的目标。由于前期零轮招标的顺利实施，墨西哥政府拥有了对相当大一部分油气资源的直接控制权，这些资源数量巨大，分布广泛，从而墨西哥政府得以从全局的角度从容制定总体规划。同时，五年计划是在综合考虑了企业界、地方政府、当地民众以及各类非政府组织的意见和建议的基础上制定形成的，因此该计划不仅体现了墨西哥联邦政府的利益和愿望，也包含了其他相关利益群体的诉求，是一个综合性结果。

墨西哥政府在油气区块出让规划过程中决定采用分批次、分类别的方法开放油气区块。具体而言，根据五年计划要求，墨西哥政府计划分 4 批，即 4 轮招标，完成油气区块出让计划（图 3.5）。其中，第一轮招标计划出让区块 $3.4×10^4km^2$，剩余地质资源量 $701×10^8$bbl；第二轮招标计划出让区块 $7.5×10^4km^2$，剩余地质资源量 $148×10^8$bbl；第三轮招标计划出让区块 $6.2×10^4km^2$，剩余地质资源量 $122.8×10^8$bbl；第四轮

招标计划出让区块 $6.4 \times 10^4 \mathrm{km}^2$，剩余地质资源量 $76.2 \times 10^8 \mathrm{bbl}$。

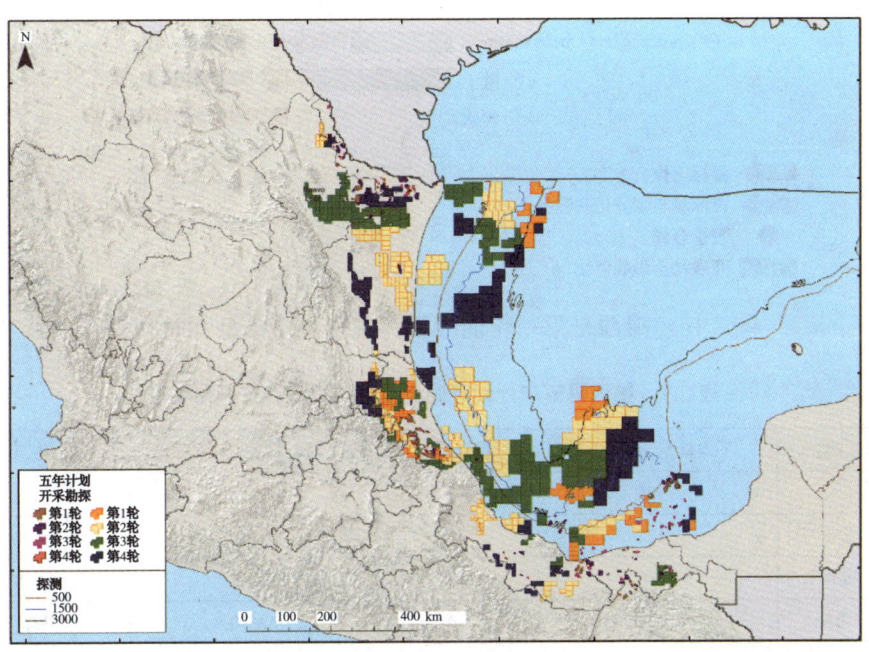

图 3.15　墨西哥五年计划区块分布和出让轮次

另外，墨西哥能源部将国家的油气区块分为陆上常规区块、浅水区块、深水区块以及陆上非常规区块四种，分不同期次进行招标出让。例如第一轮招标按照规划，采用浅水、陆上、非常规、深水的顺序分4期完成（图3.16）。后续第二、第三和第四轮招标计划仍按照此模式，循环开放区块，最终达成五年计划的目标。根据五年计划，墨西哥共计划开放深水区块 119 个，资源量 $96.2 \times 10^8 \mathrm{bbl}$（油当量）；浅水区块 112 个，资源量 $251 \times 10^8 \mathrm{bbl}$（油当量）；陆上常规区块 150 个，资源量 $173 \times 10^8 \mathrm{bbl}$（油当量）；陆上非常规区块 128 个，资源量 $526 \times 10^8 \mathrm{bbl}$（油当量）（表3.7、图3.17 至图3.20）。墨西哥政府规划海上深水区块平均单个面积为 $985 \mathrm{km}^2$ 左右，浅水区块平均单个面积为 $428 \mathrm{km}^2$，陆上区块平均单个面积为 $190 \mathrm{km}^2$，非常规区块平均单个面积为 $335 \mathrm{km}^2$[60]（图3.21）。

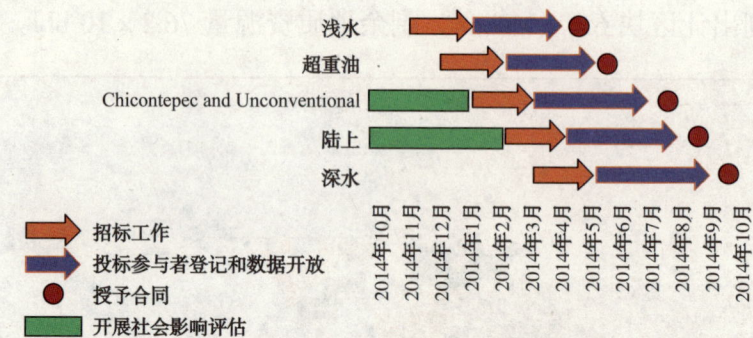

图 3.16 墨西哥第一轮油气招标规划区块类型和时间表

表 3.7 墨西哥五年计划不同类型区块面积和资源量特征

区块类型	平均单个面积,km²	区块数量	资源量,10⁶bbl(油当量)	总面积,km²
深水	985	119	9624.8	117223
浅水	428	112	25156	47995
陆上	286	150	17355	28482
非常规	223	128	52650	42965

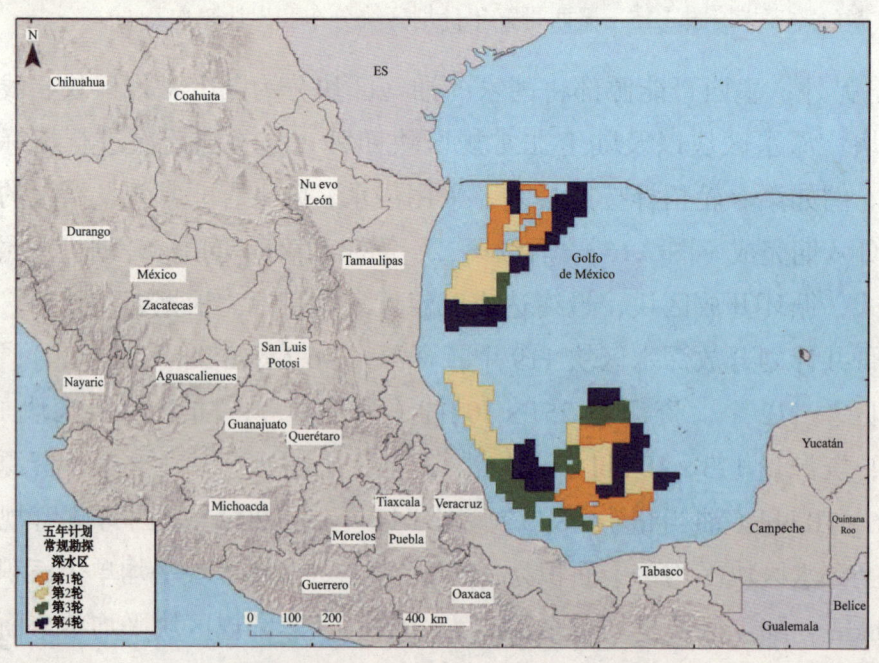

图 3.17 墨西哥五年计划深水区块开放分布图

第 3 章
■ 墨西哥政府油气区块出让规划

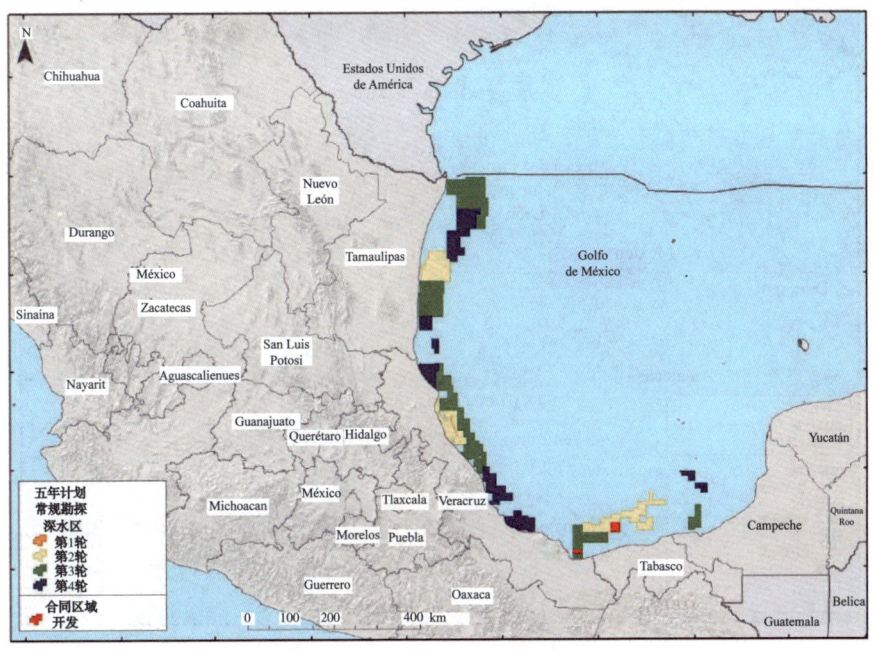

图 3.18　墨西哥五年计划浅水区块开放分布图

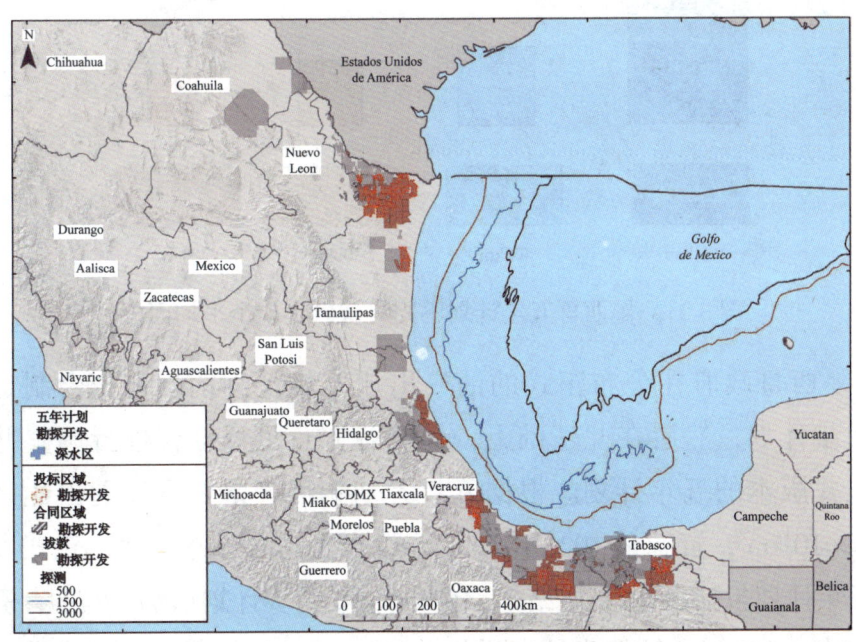

图 3.19　墨西哥五年计划陆上区块开放分布图

147

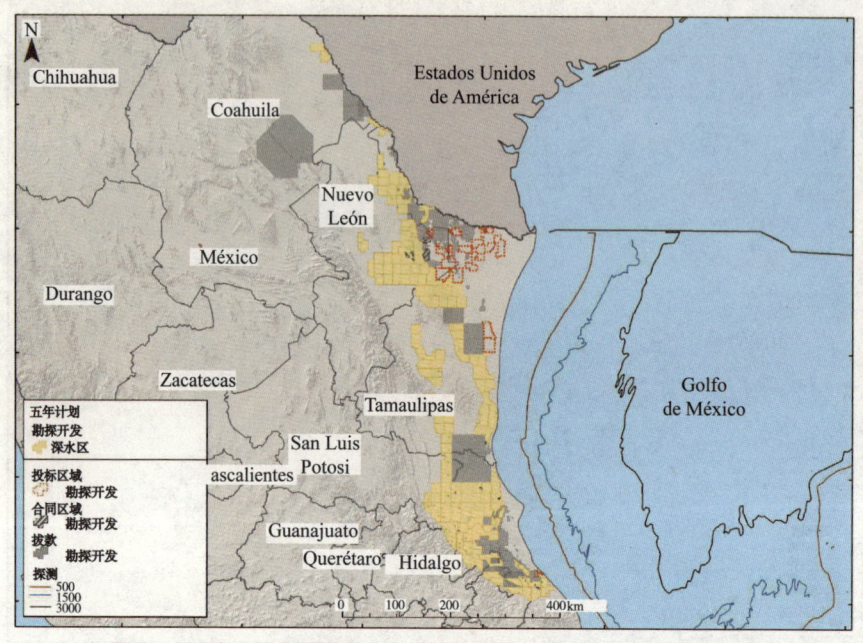

图 3.20 墨西哥五年计划非常规区块开放分布图

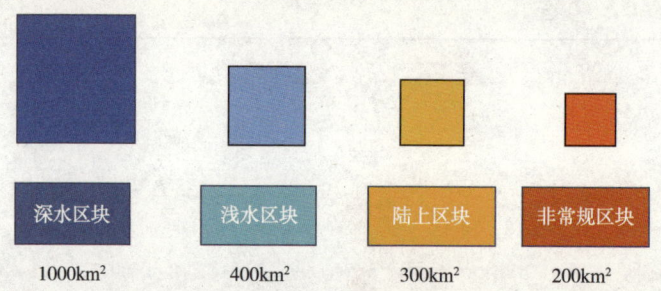

图 3.21 墨西哥五年计划不同类型区块单个平均面积

墨西哥政府在公布正式的油气出让五年计划前，首先会制定一个初步计划，然后在此基础上，根据各方意见反馈，进行调整并确定正式版本的五年计划。根据五年计划初稿，墨西哥计划出让区块 $17.8 \times 10^4 km^2$，资源量 $1026 \times 10^8 bbl$。综合考虑各方意见后，正式发布的五年计划包括出让区块 $23.5 \times 10^4 km^2$，较初步计划增加 31.7%，资源量 $1048 \times 10^8 bbl$，较初步计划增加 2.1%（表 3.8）。但是，正式发布的五年计划并非一成不变的,墨西哥政府根据招标的进展和市场的变化,于 2017 年对五年计划进行了进一步调整,调整后的区块面积较之前增加了 1.7%,资源量减少 13.8%。

表 3.8 墨西哥油气区块出让五年计划调整情况概要

规划调整	初步五年计划	正式五年计划	调整后五年计划
区块面积,km^2	178554.3	235070	239007
资源量,10^6bbl(油当量)	102635.5	104788.6	90271.1

(2)区块出让规划特征。

墨西哥油气区块出让规划的一大特点即公开透明,不论是规划方案,还是各项规定、协议以及会议记录等均及时通过多种渠道向社会公布,接受社会监督和反馈,以期不断完善规划方法和内容[61]。无论是政府、国有企业、私人和外资企业或者社会团体及个人,其获得的区块出让信息完全对等,有利于营造公平、平等的市场环境,也为区块开放工作的长期、可持续发展打下了坚实的基础。因而,公开透明作为墨西哥油气区块规划的基本原则和特色,充分体现了政府在规划过程中的长远战略性眼光,为后续工作定下了良好的基调。

另外,墨西哥区块出让还高度重视宣传推广工作,将其视为出让规划的主要组成部分,具有重要的现实意义。墨西哥政府通过多种渠道,不遗余力地对油气出让工作进行宣传,吸引国内外企业的关注和参与。例如,墨西哥政府在招标执行前将油气区块出让五年计划以及近期招标相关信息,公布在其官方网站(能源部网站 https://www.gob.mx/sener 和国家油气委员会网站 https://www.gob.mx/cnh/Default_i.aspx),确保公众和企业能够及时充分的了解相关信息和进展[62, 63]。除了在官方网站进行区块出让规划的宣传工作外,墨西哥政府也着力借助新闻媒体,对区块出让工作进行宣传推广,扩大影响范围。如墨西哥国内各种有影响力的报纸杂志均大力报道过该国油气区块出让的消息,更为重要的是，国际知名媒体，如路透社、美联社、纽约时报和中国新闻网等都在显著位置报道了墨西哥区块出让的信息，使其迅速成为国际热点，成功吸引了全球的目光。此外，墨西哥还通过政府的力量，直接对油气区块招标进行宣传，如其各驻外使馆均积极举办推介会，全力介绍油气区块出让相关信息，通过政府之间的直接沟通，促进和强化宣传效果，如我国商务部便多次发布墨西哥油气区块出让信息。

由此可见，墨西哥政府对于区块出让的宣传推广活动高度重视，宣传方式灵活多样，且效果十分显著，已经基本达到了其信息公开和吸引投资的目的。同时，充分的宣传推广工作也为投资者充分了解区块，根据自身特点进行合理规划提供了依据。

此外，条理清晰、思路明确也是墨西哥油气区块出让的一大特征。墨西哥油气区块开放次序是依据油气特点进行的，充分体现了墨西哥政府"先易后难，由浅入深的规划思路"，先由勘探开发难度较小的浅水和陆上常规油气区块入手：一方面积极探索油气区块出让的方法，积累经验；另一方面也可从中获取市场反馈，为后续的开放提供参考。接着，进行勘探开发难度较高、投资和风险较大的非常规和深水油气区块的出让，该类区块对企业的资金和技术都有着较高的要求，同样，对于区块规划的制定者而言也是巨大的挑战。因此，将其放在每轮招标的最后阶段，一方面有助于墨西哥政府根据前期的经验积累，规划制定更加合理的规则和制度，另一方面有利于企业更加熟悉招标的流程和内容，使得有实力的公司更加有意愿和信心参与投资。这充分体现了墨西哥政府清晰明确且富有技巧的规划思路，为油气区块出让的顺利实施提供了基础。

再次，招标规划的评标体系根据区块的不同而有所变化。规划中资格准入要求也体现了差异性原则，即根据不同轮次区块的特点设计不同的资格准入要求。

同时，墨西哥油气区块出让规划的另一特点是灵活多变，在积极、认真听取包括企业界、普通公众和地方政府在内的各方意见和反馈的基础上，墨西哥政府及时调整包括整体区块开放计划、开放规则和要求等在内的规划内容。以第一轮区块招标为例，墨西哥原本计划第一轮油气区块招标推出 169 个油气区块，其中 109 个勘探区块，60 个开发区块，总面积 $2.4 \times 10^4 km^2$，总资源量达 $200 \times 10^8 bbl$（油当量），预计 2015—2018 年年均投资额 126 亿美元。但由于受到外部市场环境变化（国际油价大幅下跌）和内部政治经济因素的影响，第一轮招标实际共开放区块 $3.4 \times 10^4 km^2$，较原计划面积增加 41.6%，实际开放区块数量 58 个，较原计划减少 65.7%，见表 3.9。

表 3.9 墨西哥第一轮招标实际完成情况

第一轮招标	区块数目	区块面积，$10^4 km^2$	年均投资，美元
原计划	169	2.4	126 亿
实际完成	58	3.4	—
变化	−65.7%	41.6%	

此外，墨西哥政府根据招标的进展和市场反馈，相应地调整了区块出让计划节奏和时间表。前两期浅水勘探和浅水开发区块招标后，其中标率未达到墨西哥能源部的预期。墨西哥能源部分析原因认为，虽然国际油价大幅下跌有很大影响，但区块本身质量不高（储量小，风险高），缺乏吸引力，是浅水区块招标未取得理想成果的主要原因。因而，能源部决定调整区块开放的次序和时间表，搁置超重油和非常规资源区块的出让工作，优先开放陆上相对成熟的开发区块（图 3.22）。

同时，墨西哥政府调整准入机制，降低竞标门槛，吸引企业积极参与投标。例如陆上区块招标中对于竞标企业的财务要求明显降低：I 类区块（储量小于 $1 \times 10^8 bbl$）企业资产要求为 500 万美元，II 类区块（储量大于 $1 \times 10^8 bbl$）企业资产要求为 2 亿美元。不再要求企业提交信用评级（标普、惠誉、穆迪等）。同时不再限制企业竞标区块数量

（前期浅水招标规定企业最多投标2个区块）[64]。后期的深水区块招标中，也不再限制大型石油公司联合体的参与（前期浅水招标规定：日产量达到或超过 160×10^4 bbl（油当量）的石油公司不得成立联合体竞标）（表3.10）。

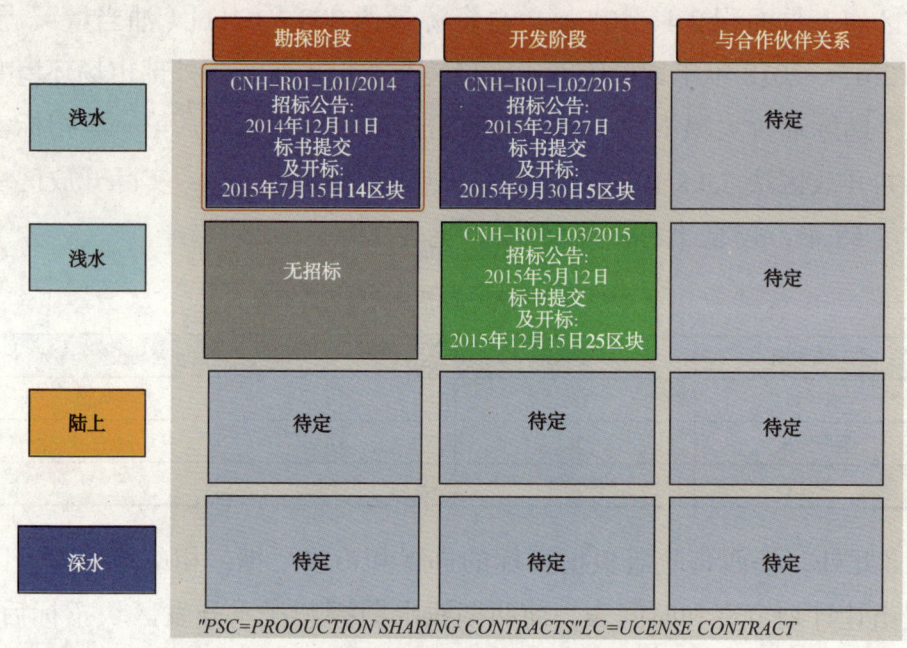

图 3.22　墨西哥第一轮招标区块实际开放次序

表 3.10　墨西哥第一轮招标准入资质调整

招标期次	资产要求	工作经验	中标区块数量	联合体限制
R1L1 & R1L2	10亿美元	5年以上海上作业经验/海上产量达到或超过1万桶/天	2个	日产量高于 160×10^4 bbl 的公司不得成立联合体
R1L3	500万/Ⅰ类区块，2亿美元/Ⅱ类区块	无具体要求	不限	不限

此外，墨西哥政府在规划中也致力于提高本土公司在竞标和中标群体中所占比例，将本土化作为区块开放规划的一项重要考虑因素。由于墨西哥本土石油公司大多不具备深水区块勘探和开发所需的资金

和技术，因而此政策不适用于深水区块的招标和竞标工作。具体来说，政府通过政策制定，将本土化要求纳入勘探和生产合同内，计划本土化成分由2015年的平均25%上升至2025年的35%。综合考虑墨西哥劳工、科技、技术培训以及固定资产投资情况，由经济部（SE）负责采取相应方法增加本土化成分，例如制定战略推广当地供应链并对供应商实施注册制度，成立公众基金用于为当地供应商提供资金支持。

第三期陆上区块招标所要求的竞标条件较前两期明显降低，这有利于墨西哥本土中小公司参与竞争。从最终招标结果来看，这一本土化政策初步获得了成功，第三期25个招标区块中的20个区块被墨西哥企业得到，本土公司中标比例达80%，完全达到了墨西哥政府的期望（72%）。其余5个区块分别被加拿大、美国和荷兰的公司获得，总的中标率达到96%，因而第三期招标也被称为迄今为止墨西哥最为成功的一次油气区块招标。

在一系列调整措施的干预下，墨西哥区块开放招标重新焕发出活力，即使在油气市场低迷的大环境下，第三和第四期招标成功率依然达到了100%和80%，无论中标区块还是中标率都大幅上升，政策的调整基本取得了预期的效果（图3.23）。

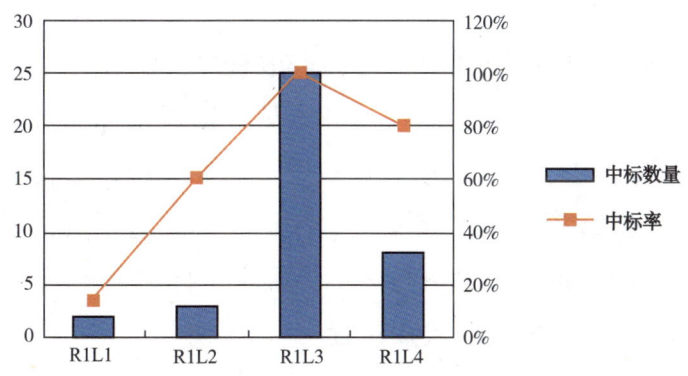

图3.23 墨西哥第一轮招标中标情况变化

墨西哥政府在油气开放规划中，也明确了政府各个部门在合同执行过程中的职责。在招标和合同授予完成后，国家油气委员会负责对合同的执行情况进行监督，包括监督油公司资料上交、工作量完成、资金使用情况，开发方案的审批和区块的转让买卖批准等，体现了专业机构集中管理的特点，类似于加拿大阿尔伯塔省能源监管机构、印度尼西亚 SKK MIGAS 和尼日利亚国家石油局等机构。

3.2.2.2　区块出让规划具体实施形式

墨西哥油气区块规划明确要求了区块出让均通过公开招标的形式进行，在具体组织上体现了公开、透明的做法，获得国际上普遍认同。例如零轮招标主要目的是获得油气区块，完成墨西哥国家石油公司（PEMEX）改革，招标对象仅为 PEMEX，但仍然向社会公布了零轮招标的目的、范围、招标结果以及很多具体细节，这十分鼓舞投资者，营造公开、透明的投资环境。随后，第一和第二轮招标均为公开的对外开放招标活动，出让的对象包括本国的国有公司（PEMEX）、私人油气企业以及外国公司，只要公司满足技术和经济方面的资质要求，均有资格参与墨西哥油气区块出让竞标，即使照顾本国公司，规则也是公开透明的，因而这种组织区块出让的方式具有清晰的规划原则，基本上是一种开放式的做法，限制条件较少，尽可能吸引广大油气企业参与其中。

规划明确墨西哥政府区块招标的一般程序为：首先由墨西哥能源部（SENER）评估并确定合同模式和条款、组建招标委员会；财政部确定财税条款及中标条件；然后开始进行招标宣讲，进行社会影响评估；下一步，开放资料室，接受企业注册投标并进行资格审查；进行相关区块公开招投标；最后进行评标，确定中标结果（图3.24），与国际上资源国公开招标的程序大致相近。

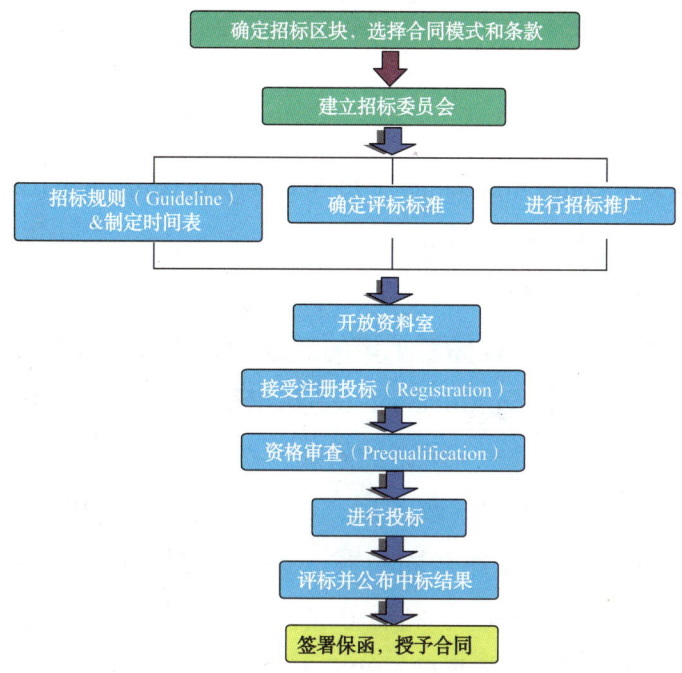

图 3.24　墨西哥区块出让第一轮招标流程

在评标标准方面，规划也制定了明确而统一的要求。在设计评标标准时，墨西哥能源部和国家油气委员会设计的评标体系重点强调了工作量和政府分成的内容。这一方面体现了墨西哥国家利益最大化的目标，另一方面也促进了油气区块的勘探开发工作。根据区块的不同性质和招标目的，评标标准也不断进行调整。例如，在第四期深水区块招标中，政府有意降低了自身在收入分配比方面的要求，着重加强投标企业工作量的权重，这直接体现了政府全力推进深水区块的勘探开发工作的决心。满足资格审查的投标公司，可参照评标标准，根据具体工作量和政府分成等投标参数计算得分。此评标标准受人为因素影响少，比较客观，可减少争议。具体评标标准如下。

第一轮招标评标标准：

R1L1 & R1L2:

$$VPO = 0.9 \times Participacion + 0.1 \times Factor\ de\ Inversion\ Adicional$$

R1L3：

VPO=0.9×Factor de Inversion Adicional+0.1×Factor de Inversion Adicional

R1L4：

VPO=4×[Regalia Adicional+（11.5×Regalia Adicional/100+3.45）×
　　Factor de Inversion Adicional]

式中　VPO——最终评标得分；

　　　Participacion——投标者承诺的超过最小分成比的政府收入分成；

　　　Factor de Inversion Adicional——超出最小义务工作量的百分比；

　　　Regalia Adicional——承诺的附加矿费。

其次，在启动本轮油气改革后，墨西哥政府在区块出让规划中设计了对外合作主要的4种合同模式，即许可制合同（或称矿税制合同）、产品分成合同（PSC）、利润分成合同和服务合同，这些是油气区块开放与授予的财税体系基础，也是整个油气区块对外授予规划的基础条件，明确了墨西哥政府与投资者之间的利益关系。墨西哥政府也通过媒体和宣讲等不同方式宣传其油气区块财税体系，使投资者清楚规则，明确知悉在勘探阶段、生产阶段投资者与政府各自的义务与利益分配关系。

国际油气石油合同的财税体制一般分为两大类，一种为许可制（Royalty system），另一种为产品分成合同（Production Sharing Contract）。从商务经济的角度看，两种财税体制并无本质区别，无非是资源国与外国合同者之间如何划分产出产品利益的问题。

但从法律的角度看，两者具有重大差别。在许可制下，国家向外国合同者颁发探矿证或者采矿证，外国合同者需要向资源国缴纳各类税费，资源国不参与石油作业，并不参与油气产品的分成，不享受油气开发生产销售的直接利益，同时也回避了勘探开发过程中的风险。而在产品分成合同下，外国合同者不拥有矿权，而通过与资源国政府或者国家石油公司签署协议的方式，投入资金、技术对合同规定的区域进行勘探，获得油气的商业性发现后，用分取油气产品的方式获得投资回收及相应利润，外国合同者收入来源是资源国政府或者国家石油公司给予的产品分成，系合同权益，而非矿权。资源国政府或者国家石油公司参与石油作业，对石油作业有直接的控制与管理，享受油气开发生产销售的直接利益，并承担相应的风险。

因此为了达到不同的目标，对于不同的油气区块，政府往往采用不同的合同合作模式。例如，早期墨西哥国家石油公司垄断墨西哥全部油气区块，因此对外合作全部采用服务合同的模式。近年来，随着油气改革的进行，墨西哥对外合作模式呈现多样化的特点，例如第一、第二轮招标的浅水区块，政府规定的合同模式为产品分成合同，而对于陆上开发区块和深水区块则采用许可制合同（表3.11）。其中，浅水区块具有较高的潜力和一定的风险因素，因此政府选择积极参与油气的生产作业，加强对区块的控制力，争取利益最大化。相对而言，陆上多为较小的开发区块，主要为油气生产老区，潜力较小，深水区块虽潜力巨大，但风险过高，因而墨政府采用许可制合同是十分理智的，一方面减少对陆上区块的干预（利润较小），另一方面有效回避深水区块所带来的风险。

表3.11 墨西哥规划不同类型油气区块的合同选取

招标轮次	区块类型	合同类型
R1L1	浅水勘探	产品分成
R1L2	浅水开发	产品分成
R1L3	陆上常规	许可制
R1L4	深水	许可制
R2L1	浅水	产品分成
R2L2	陆上常规	许可制
R2L3	陆上常规	许可制

3.3 公众参与墨西哥政府油气区块出让规划的方式和效果

3.3.1 社会公众参与特点与实施途径

墨西哥宪法规定土地归私人所有，但地下蕴藏的油气资源归国家所有，因而在油气区块的出让规划和实施过程中，墨西哥政府及石油公司不可避免地要与持有土地的公众发生利益关系，并进行相关的协商和谈判。因此，公众实质上以土地作为桥梁，参与到了墨西哥油气区块出让规划和招标政策制定的过程中来，并有能力对规划结果产生影响。此外，为了保障油气区块出让规划的有效实施和后续油气作业的顺利进行，也需要就油气区块出让规划征求有关公众的意见。

根据墨西哥《油气法》的规定，油气勘探开发过程中涉及土地的问题，石油公司需要与当地群众或相关机构进行协商解决，项目达到商业产量后，土地所有者有权分享项目利润。如果180d内双方就协商补偿不能达成一致，石油公司可申请要求墨西哥能源部进行调解，调解期为90d，若逾期仍未达成协议，双方可到法院起诉，通过法律途径解决。这些规定也直接为油气区块出让规划征求公众意见提供了法律依据，明确了法律解决方式。

除土地外，油气的勘探开发必然涉及当地的环境、社会、经济和文化等因素的协调和保护，公众还可能就上述方面提出要求，因此油气区块的出让规划工作必须考虑民众相关诉求，设置环境保护、社会责任、经济发展和相应的经济补偿等方面的内容。墨西哥《油气法》规定，在授权项目和新签勘探开发项目前，能源部需与内政部和其他相关部门协调，共同完成社区影响研究，将研究结果发送项目持有者和投标公司，并在授权合同或勘探开发合同中规定承包商应向社区支付的补偿金额及其他责任义务。同时，需要向能源部提交社区影响评估报告以及应对和规避计划。另外,根据《油气法》规定,从事油气项目的公司应避免作业给当地环境造成的破坏,并承担后期的修复费用,具体监管方式将在日后发布的《环保法》中予以规定。

墨西哥政府积极为公众参与油气区块出让规划、表达意见提供便利的途径,例如墨西哥政府建立专门的交互式政府网站(Gob.mx/participa)(图 3.25),以便公众对规划过程中的问题及时提出意见和建议[65]。同时,该网站平台也会及时发布各类相关信息,包括发展计划和目的、招标实施情况、各项法律法规等,努力做到信息公开透明,无论政府机构、国有企业(PEMEX)、私有企业(国内和国外公司)或者普通民众,通过该平台所获取的信息相同,保障公平竞争。此外,民众也可通过相关网上论坛自由表达意见,政府会选取关注度较高的问题进行针对性解答,同时会就热点问题进行问卷调查,深入了解公众对油气区块出让、油气作业的态度,并体现在有关规划中。

图 3.25 墨西哥政府为民众参与所提供的官方网站

民众除了通过官方设置的渠道,在政府提供的网站上反映意见和诉求外,还可通过游行、集会或经由第三方非政府组织(NGO)和协会发声,直接要求政府倾听自己的意见。其中非政府组织由于与当地居民联系紧密,获得了当地民众的信任,经常代表民众与墨西哥政府进行协商和谈判,影响政府的规划和决策,这也是征求公众意见、避免矛盾激化的一种有效渠道。

对于北部印第安人聚居区,由于经济、社会和文化的特殊性,加之当地脆弱的环境体系和印第安人对土地的特别重视,相关油气区块的规划更为敏感和棘手。为此,墨西哥政府除开放上述信息沟通渠道外,还特别为当地土著居民举办论坛和座谈会,从而及时获取民意,同时这些平台也成为政府宣传政策的一个有效的工具,为双方加强沟通和了解提供帮助,这些措施均有利于制定客观、并获得公众支持的区块出让规划。

3.3.2 企业参与特点和实施途径

墨西哥油气区块出让规划的另一特色为非常注重企业的反馈,积极邀请企业参与到规划过程中来。参与规划的企业主要分为两类:国家石油公司(PEMEX)和国内外的大中小型各类石油企业(图3.26)。

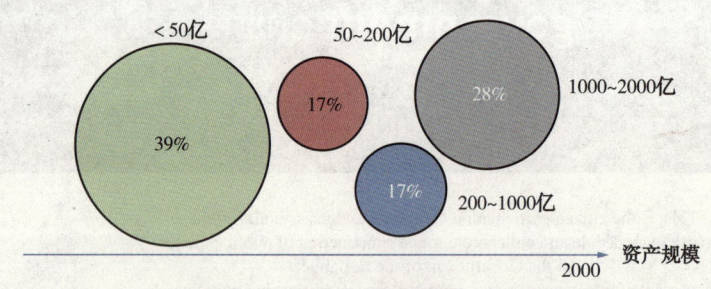

图3.26 参与规划的企业类型

墨西哥国家石油公司在墨西哥政府制定规划的过程中扮演着重要的角色,其主要作用体现在零轮招标、后期信息及建议提供两个方面。墨西哥国家石油公司通过零轮招标,为墨西哥政府的区块出让规划提供了物质基础。另一方面,墨西哥国家石油公司还主动配合能源部,为其提供区块的相关信息，分享规划经验，并为区块规划提出意见和建议。

对于其他国内外石油公司（竞标主体），墨西哥政府高度重视其提出的反馈意见，并根据其意见制定和修改规划内容[66]。一方面，墨西哥政府通过问卷调查的方式获取企业对规划中所包含的区块的兴趣和意见。例如，根据墨西哥能源部调查数据显示，93%的参与调查企业表示对五年计划中的计划开放区块感兴趣，其中对深水和浅水区块感兴趣的比例最高，分别达到33%和32%（图3.27）。另外，76%的参与调查企业表示愿意参与墨西哥第一轮油气区块招标，其中90%的参与调查企业认为墨西哥第一轮招标好于和类似之前参加过的国际招标。这些调查结果都为规划制定的合理性和招标的成功奠定了基础。

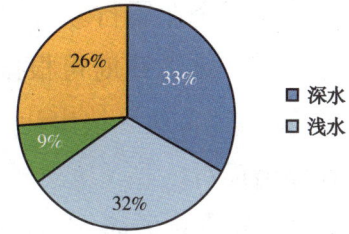

图3.27 石油企业对不同类型区块的感兴趣程度

另一方面，墨西哥能源部还在规划中赋予参与调查的石油公司提名权，即企业有权对未包括在五年计划中、但自身十分感兴趣的区块进行提名，建议能源部将其加入五年计划并进行公开招标[67]。

3.3.3 地方政府参与特点与实施途径

墨西哥地方政府对区块出让规划的影响体现在两个方面：监管和建议。一方面，地方政府有权对当地的油气勘探开发活动所带来的安全、环保等问题进行监督。另一方面，地方政府有权对辖区内涉及重要文化、经济、环保或军事价值的规划，提出自己的意见。

根据墨西哥《油气法》规定，地方州政府有权对当地的油气勘探开发活动所带来的安全、环保等问题进行监督。若作业公司违反法律，破坏当地环境或损害当地经济利益，当地州政府可联合产业安全和环境保护署对涉事企业进行相关的处罚，或者终止合同。

除了环保、安全等因素外，墨西哥地方州政府还会就油气勘探开发对当地的经济利益的影响，与联邦政府和能源部进行协调沟通，对联邦政府的规划内容提出意见和建议，从而影响区块的出让规划和实施。例如，地方政府可对规划中涉及考古、旅游或者军事等的区域提出保留意见。

同时，地方政府有权对参与油气开发的企业进行监管，保证其履行一定的社会责任。例如，当地政府可与石油公司或联邦政府进行谈判，要求企业履行教育、医疗、就业、修路、文化保护等方面的社会责任[67]。地方政府可根据自身情况（如原住民文化保护或维护区域稳定等因素），对区块出让规划工作发表意见或施加影响，甚至对原有规划提出反对。

但是，总体而言，墨西哥地方政府在参与油气区块出让规划过程中所扮演的角色并不突出，所起作用有限。这主要是由于墨西哥法律规定油气资源和土地并不属于墨西哥州政府所有，因而地方州政府缺乏参与有关油气区块出让规划的支撑依据。

墨西哥州政府所起到的环保和社会责任监管方面的作用具有十分重要的意义，这不仅促进了当地经济、社会、环境的协调发展，也保证了油气区块出让规划和实施的成果能够为当地人民所分享。另一方面，鉴于墨西哥地方政府并未过多介入油气区块出让规划和实施工作，墨西哥联邦政府能够集中力量、统一规划，同时，在政策执行方面能够做到统一、高效，避免了令出多门、互相掣肘的局面。就此而言，墨西哥地方政府不过多参与区块出让规划和实施的行为，同样是对油气区块出让工作的贡献，这也是墨西哥油气区块出让规划体系的一个主要特色。

3.3.4 地方政府、企业与公众参与实施效果分析

墨西哥地方政府和公众在油气区块规划的制定过程中发挥着积极而重要的作用，一方面通过征询意见提出合理建议，促使规划更加合

理，实现油气区块出让利益在联邦、地方政府和当地民众之间的合理分配。另一方面也通过公众意见的征询和采纳合理意见，更好地保证了区块出让规划的顺利实施。

事实上，墨西哥曾发生过因当地民众反对，不得不修改招标规划内容的事件。据墨西哥《千年报》报道，墨西哥能源部2017年6月宣布，国家油气委员会在第二轮油气招标第二期中规划出让的区块将减少两个，即从12个招标区块减至10个（图3.28），这就是经过扩大对当地土著居民意见征询，为保护土著居民的权益得出的对规划进行调整的一个十分突出的案例。

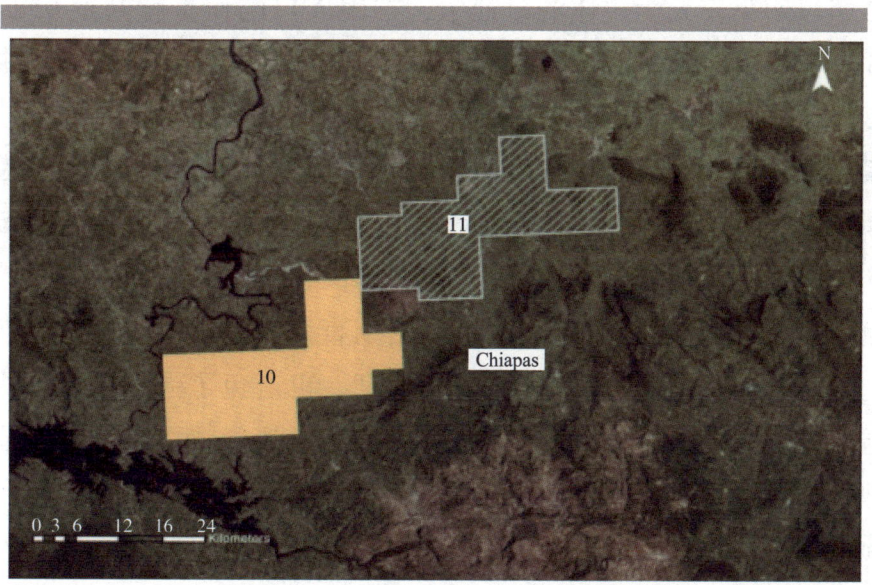

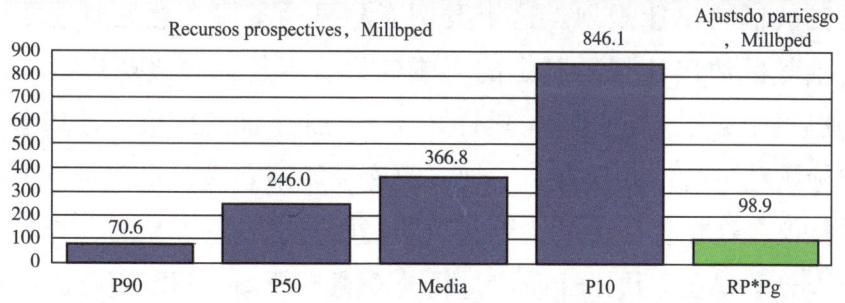

图3.28 墨西哥第二轮招标取消的油气区块（10号和11号）

这两个区块位于墨西哥恰帕斯州，该州位于（墨西哥东南部），是历史上玛雅文明的中心，也是当前墨西哥印第安人分布比较集中的州。恰帕斯州印第安人占总人口比重的27%，主要分布在中部的高地和东部的丛林地区。由于自然条件恶劣，土地贫瘠，恰帕斯一直是墨西哥最为贫穷的州。2014年的统计数据显示，恰帕斯州76.2%的人口处于贫困状态，31.8%的人口处于极端贫困状态。恰帕斯州印第安政治组织公民组织独立协会联盟（Confederación Independiente Organizaciones—Asociación Civil，CIO-AC）的调查数据显示，仅在高地城镇圣克里斯托瓦德拉斯卡萨斯（San Cristóbal de las Casas）周边342个以印第安人为主体的村社中，贫困人口的比重就高达95.2%。2012年，涅托总统上台后不遗余力地推进能源改革，推进区块出让，允许资本参与石油、天然气和水电资源的开发。政府的土地和能源改革引起了印第安民众的持续抗争，在包括州府图斯特拉古铁雷斯（Tuxtla Gutiérrez）、圣克里斯托瓦德拉斯卡萨斯在内的多个城镇，几乎每周都有印第安民众走上街头，抗议政府的土地政策与能源改革。这些印第安民众的抵制活动直接导致了第二轮第二期招标规划的这两个区块取消，从另一角度，也避免了强行出让区块导致更激烈的社会矛盾，一定程度上也说明了油气区块出让征询公众意见的重要性。尽管如此，能源部表示，未来将继续加强同社区的沟通，若获得当地土著居民的同意，政府将会把这两个区块纳入以后的油气区块出让规划。这个案例充分显示了民众意见对墨西哥政府的油气区块出让规划制定的影响效果。本轮能源改革后，墨西哥政府已经组织了多轮招标，累计开放了123个油气区块，且基本保证了招标顺利进行，并没有引发地方政府、印第安人、非政府组织的大规模抗议，这在各种关系错综复杂的墨西哥也是不容易的，与墨西哥政府十分重视在区块出让阶段进行公众意见征询，不断完善出让方案具有很大的关系。

基于企业的反馈（区块提名），墨西哥能源部决定将企业提名的5个区块加入修订后的五年计划（图3.29），以备后期招标。这充分体现了墨西哥政府对企业反馈意见的高度重视，同时也显示出企业参与在墨西哥油气区块出让规划过程中的重要作用，有效地促进了五年计划的进一步完善。

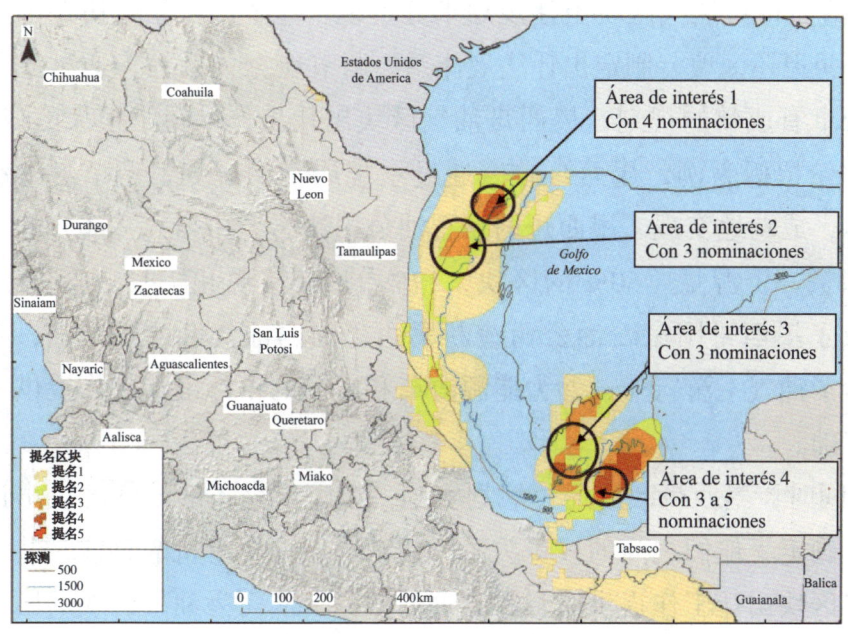

图3.29　根据企业提名加入五年计划的区块

由于墨西哥油气区块出让改革和立法启动较晚，于2014年才开始本轮能源改革，有关公众和地方政府参与的制度和途径尚且不够完善，同美国和加拿大等发达国家相比还具有很大的差距，尤其是公众和地方政府的参与对区块出让规划工作的影响尚未完全显现。但是，我们相信随着墨西哥油气改革的进一步深入，公众和地方政府的参与机制一定会更加合理且有效，而其效果也一定会日益突显，最终公众和地方政府的参与也一定会反过来促进墨西哥油气区块的出让规划工作，使其更加富有成效。

3.4 墨西哥政府油气区块出让规划实施效果

3.4.1 出让规划实施效果分析

墨西哥对油气区块出让规划十分重视，总统出面亲自协调国家石油公司退还区块、制定出让法规体系、调节地方关系等，通过墨西哥政府卓有成效的规划，墨西哥油气区块出让工作取得了很大的成就。以零轮招标为例，墨西哥政府通过系统周密的规划，调节各种利益群体，成功地实现了墨西哥国家石油公司让出了相当大一部分的区块和储量、资源量（60%的区块，17%的2P储量和79%的资源量），结束了墨西哥国家石油公司垄断墨西哥国内油气区块的局面，有效激活了油气上游行业，并为能源改革和后续的招标出让工作提供了资源基础。

同时，墨西哥政府通过规划实施，组建了完备的油气区块出让部门，确定了他们之间的权责关系，使其形成一个有机的整体，共同为油气区块出让工作提供监督和管理的服务，从而为油气区块的出让提供了强有力的组织支持。与此同时，墨西哥能源部按计划将墨西哥国家石油公司的行政监督职能纳入新组建的油气出让部门中（国家油气委员会），实现了墨西哥国家石油公司的政企分离，从而完成了墨西哥国家石油公司市场化的蜕变，同时也加速了墨西哥油气改革的步伐。可见油气区块出让规划，特别是中长期规划，必须考虑国家资源勘探开发的宏观战略和配套的组织保障体系。

除传统油气资源外，墨西哥页岩气和深水油气资源储量十分丰盛，但之前一直由于墨西哥国家石油公司对区块的垄断以及其自身技术和资金力量的不足，导致其深水和非常规资源的勘探和开发工作比较落后。通过本次油气区块出让规划和招标，墨西哥政府有意推动页岩气和深水油气资源等依托高技术的勘探开发，以弥补国家石油公司在该领域技术和资金的不足。这不仅有益于墨西哥经济的发展，在积极引进外部竞争的同时，也为墨西哥本土企业提供了绝好的学习机会，为其今后技术和管理的进步提供了良好的平台。也体现了油气区块出让规划在国家层面需要考虑资源的可持续发展，考虑资源的接替与总体布局。

同样地，以已结束的第一轮招标为例，墨西哥政府共成功出让各类油气区块（浅水、深水、陆上区块）$2.46 \times 10^4 km^2$，成功签订油气勘探开发合同41个，平均招标成功率达到69.5%。且随着招标工作的推进，墨西哥政府在区块规划方面的经验日趋丰富，其制定的政策和规则也更加合理，因而招标结果也随着招标的推进不断改善。尤其在当前低油价的环境下，能够取得这样的成绩确实难能可贵，而合理且灵活的规划工作是取得成功的基础和关键。

随后，2014年12月墨西哥能源部宣布墨西哥第二轮油气招标第一期推出15个位于墨西哥湾的浅水区块，预计投资总额将达112.5亿美元，平均每个区块面积为$594km^2$（图3.30）。在第二轮浅水区块招标中，墨西哥共提供15个合同区块，授出10个，中标率达到66.7%。意大利埃尼石油公司巩固了其在私有油气公司中的领先地位，获得了3个新区块。此轮招标还吸引了4家新投标者，包括西班牙雷普索尔、英国凯恩能源公司（Cairn Energy）和哥伦比亚国家石油公司。英荷石油巨头壳牌也是首次进入墨西哥，与法国巨头道达尔联合获得15号区块，被认为具有湿气潜力[68]。墨西哥能源部长Pedro Joaquin Coldwell称该结果非常令人满意，政府估计，如果合同全部签署可能会带来81.9亿美元投资和多达$17 \times 10^4 bbl/d$（油当量）的产量，充分说明了墨西哥宏伟的油气区块出让规划成功实施后将大大推动整个国家的经济发展[69]。

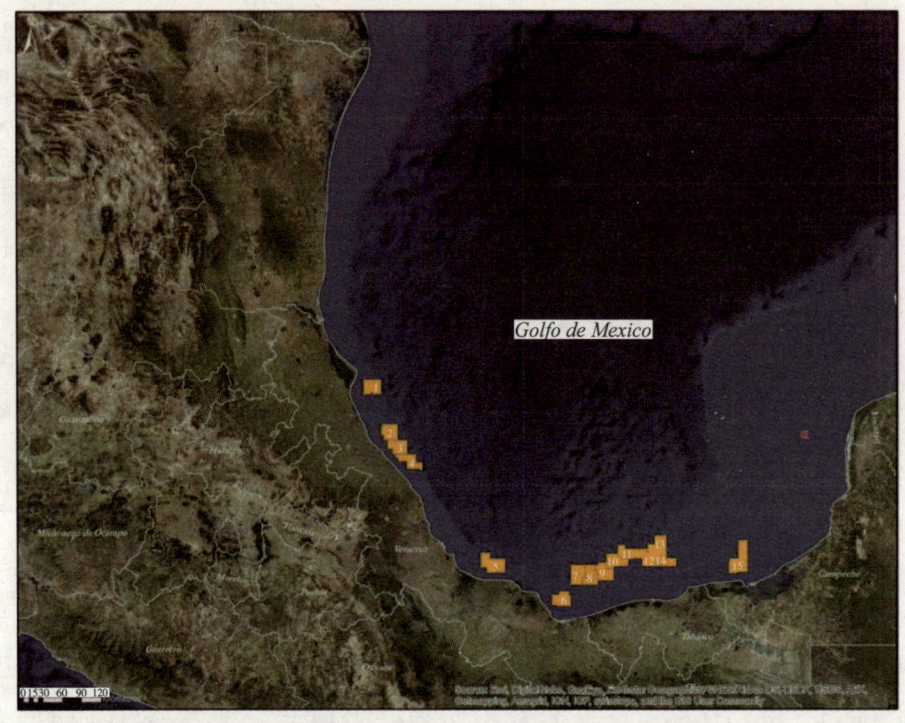

图 3.30 墨西哥第二轮第一期浅水招标区块

墨西哥第二轮第二期招标共推出 10 个陆上区块，包括常规油气和非常规页岩气资源，总面积 4203km²，分别来自北部的布尔戈斯盆地和南部的东南盆地，总储量预计为 9.2×10^8bbl（油当量）（图 3.31）。在这 10 个出让的油气区块中，其中 7 个宣布中标并签署合同，中标率达到 70%。

墨西哥第二轮第三期招标共推出 14 个陆上勘探和开发区块，其中 4 个页岩气区块位于新莱昂州布尔戈斯盆地（Cuencade Burgos），其余 10 个常规油气混合区块分布在坦皮科—米桑特拉—韦拉克鲁斯油气区（Provincias Petroleras de Tampico-Misantla-Veracruz）以及东南盆地（Cuencas del Sureste），区块总面积 2595km，如图 3.32 所示。远景总资源量达 2.51×10^8bbl（油当量），剩余原始储量为 3.28×10^8bbl（油当量）。预计投产后，全区原油日产量可达 6.5×10^4bbl，相当于目前墨西哥全国原油产量的3%。本期招标区块生产和勘探潜力兼具，14个合同区块中有5个纯勘探区块和9个已探明油气资源区块，全区地质结构完整，风险相对较低，预期项目效益较好。最终，第三期14个招标合同区块全部中标，招标成功率达到100%，取得巨大成功。

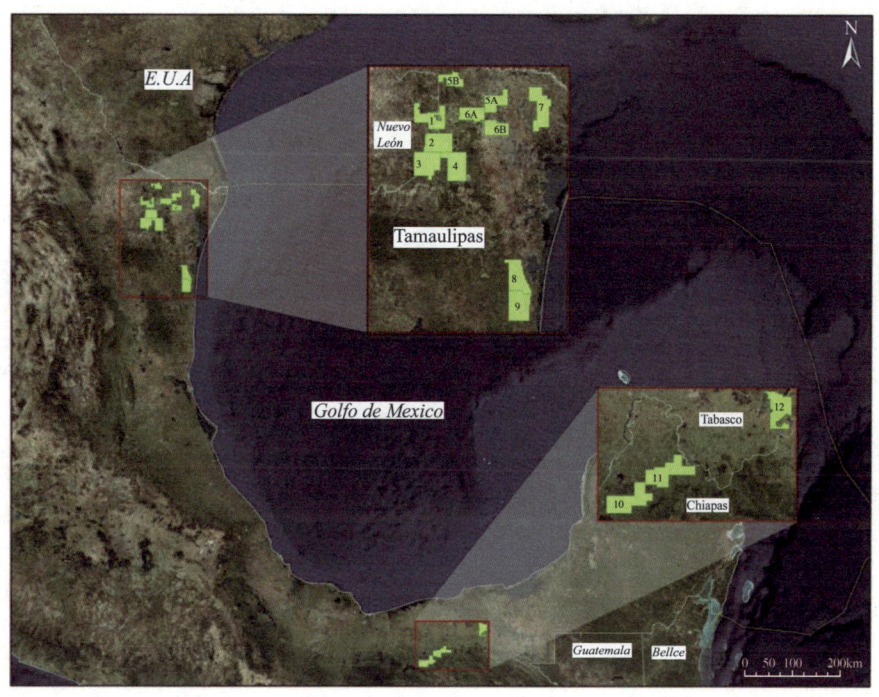

图3.31 墨西哥第二轮第二期陆上区块（常规和非常规）招标

墨西哥第二轮第四期招标共推出30个深水区块，总面积达70866km^2，全部位于油气富集的墨西哥湾深水区（图3.33），预计储量42.28×10^{8}bbl（油当量），总投资可达1350亿美元。由于深水区块投资大、风险高、收益大的特点十分显著，故而本次深水招标主要参与的竞标者多为国际知名的大型石油公司，如埃克森美孚、壳牌、道达尔、雪佛龙等[70]。该区域的资源潜力十分巨大，因此尽管在低油价的背景下，依然吸引了众多大型石油公司参与竞争。目前招标仍在进行中，结果尚待公布。

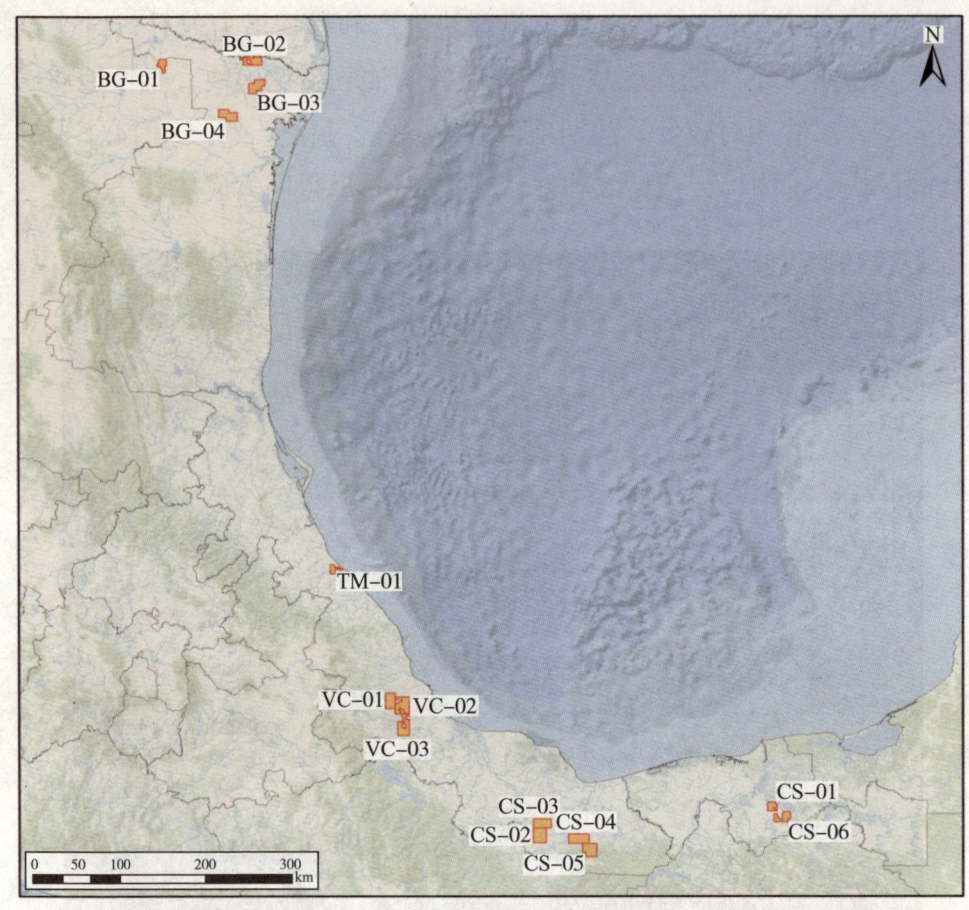

图 3.32　墨西哥第二轮第三期陆上区块（常规和非常规）招标

自 2014 年本轮能源改革起步，截至 2017 年 8 月 1 日，在不到 3 年的时间内，尽管经历了低油价环境冲击，墨西哥政府仍然成功举行了 2 轮合计 7 期的油气区块对外招标，拟出让区块 94 个，共成功出让 70 个，出让成功率为 74%（表 3.12），超出预期[71]。在这一系列不同类型资源、针对不同规模公司的多轮次招标巨大成果的背后，是在系统的区块出让规划指导下进行了，体现了墨西哥政府油气区块出让规划的前瞻性、系统性和实用性。

第 3 章
■ 墨西哥政府油气区块出让规划

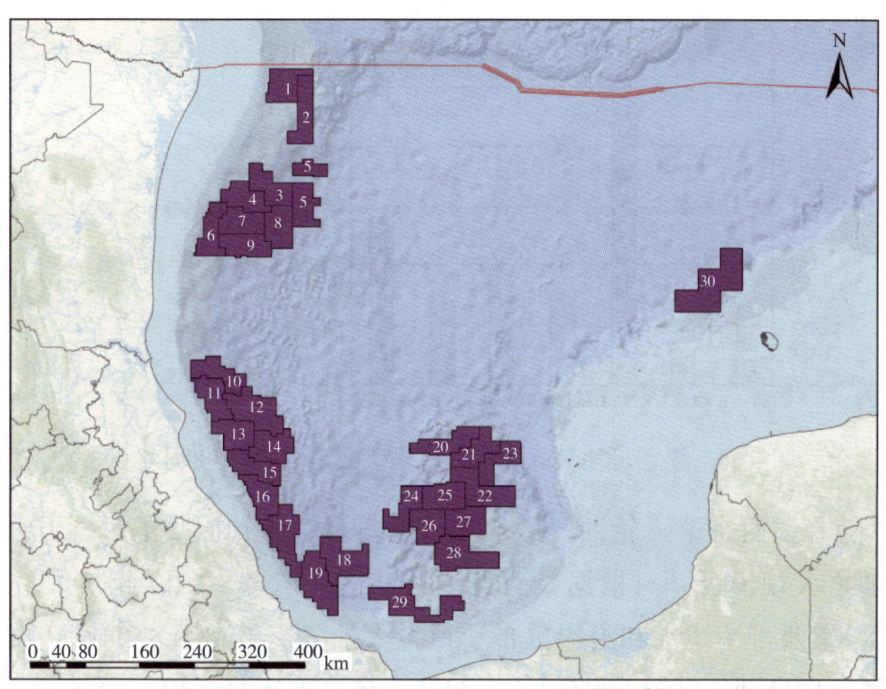

图 3.33 墨西哥第二轮第四期深水区块招标

表 3.12 墨西哥第二轮招标结果（截至 2017 年 8 月 1 日）

油气招标	资源类型	区块数量	面积，km²	储量/资源量 10⁶bbl（油当量）	预计投资额（亿美元）	招标成功率，%
R2L1	浅水	15	594	251	81.9	66.7
R2L2	陆上	10	4203	922	—	70
R2L3	陆上	14	2595	—	—	100
R2L4	深水	30	70866	4228	1350	—
合计		69	78258	670	1432	

经过一系列油气区块出让的规划和后期的招标实施，墨西哥政府已经建立起了一整套清晰的、标准的且适合墨西哥国情的区块出让方法和操作流程。油气区块的出让规划和操作日趋成熟，招标成功率保持在 65% 以上，较最初的招标低中标率有了明显的进步（图 3.34）。

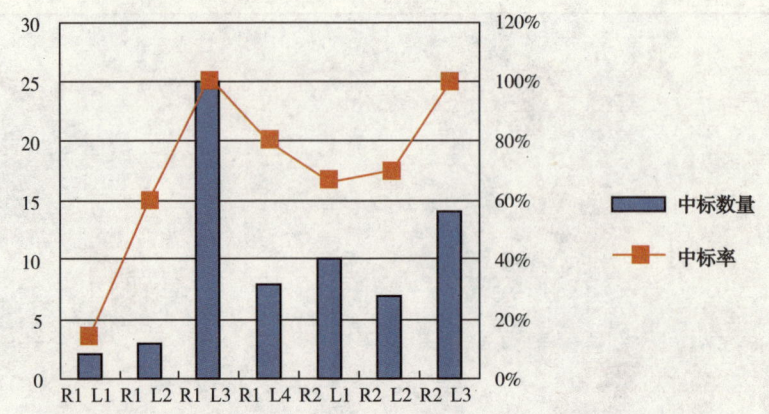

图 3.34　墨西哥油气区块招标成果（截至 2017 年 8 月 1 日）

随着墨西哥第一轮油气区块招标的落幕，中标区块的勘探开发工作随之大规模展开。根据墨西哥能源部最新消息（2017 年 7 月 16 日讯），墨西哥湾浅水和沿岸区带获得重大油气突破（图 3.35），有效提升了合同区块内的地质储量和资源量，该区块正是在第一轮招标中对外出让给国际石油公司埃尼石油公司以及联合体——墨西哥塞拉石油公司 & 北美塔罗斯能源公司 & 英国普雷米尔石油公司的区块。而这一油气突破，正是当时墨西哥政府油气区块出让规划的意图所在，即利用私有和外国公司资金和技术，加速墨西哥湾以及沿岸地区的油气勘探开发步伐，发展国民经济。

同时，根据合同规定，对于埃尼石油公司的油气发现，墨西哥政府有权获取高达 90% 的利润分成，包括 83.75% 的基础矿费以及部分税收收入。同样，对于联合体——墨西哥塞拉石油公司 & 北美塔罗斯能源公司 & 英国普雷米尔石油公司的油气发现，墨西哥政府可获取 83% 的利润分成，包括 68.99% 的基础矿费以及部分税收收入。这一突破不仅有助于墨西哥油气储量和未来产量的提升，同时也将为墨西哥国家和政府带来巨大的经济利益，区块出让规划开始收获成果[72]。

图 3.35 墨西哥新油气发现区域

在墨西哥油气勘探开发工作长期停滞不前的大背景下，经过大规模油气改革后仅 2 年就获得了重要的突破，吸引了大批国家石油公司参与投资，使墨西哥成为 3 年来最吸引油气投资者的国家之一。由此可见，墨西哥能源改革以及其油气区块出让规划和招标是成功的，且已经开始取得成效。

3.4.2 出让规划实施综合社会效益和社会反馈分析

通过第一轮和第二轮油气区块出让招标活动，墨西哥政府初步实现了完善油气产业结构、改善当地民生的主要目的。一方面，区块招标将为塔毛利帕斯、新莱昂、韦拉克鲁斯和塔巴斯科等州解决数万个就业岗位，带来近 600 亿美元投资，进一步帮助上述地区加强基础设施建设、拉动当地经济增长。另一方面，区块开放有利于吸引中型和独立石油企业投资，为带动中小企业发展、提供机会做出积极贡献，有益于社会协调发展。同时，能源部计划利用北部油气田提炼天然气凝析液等工业原料，供给本国电力、化工和制造业生产，推动重工业发展，实现各产业共同协调发展。

截至 2017 年 11 月底,油气招标项目已吸引包括壳牌、雪佛龙、英国石油、挪威石油、中国海油等多家国际大型石油商以及本国中小型企业参与投标,首轮中标企业已有部分正式投产。其中,加拿大石油公司 Renaissance Oil 于 2015 年 12 月在墨西哥第一轮第三期油气招标中成功竞标三块陆地油田,现已发展成为全墨西哥最大外资原油生产商。大型外资企业的进入,不仅加速了当地的对外开放步伐,也为社会和经济的发展注入了新的活力。

本轮能源改革以来,墨西哥联邦政府建立了严格的监管体系和高度透明的招标规则,为私有和外国企业提供良好的投资条件和有力的司法保障。同时,也为墨西哥社会的发展和进步提供了良好的政策和法律环境,促使墨西哥整体的社会环境更加公平、法制和透明。

墨西哥政府在区块出让规划过程中为民众参与提供了有效的渠道,公众可以比较自由地发表自身的看法,并以实际行动影响和改变规划结果。这不仅保证了民意的畅通和区域稳定,而且在此过程中,逐渐培养了公众独立、合理地行使自身权力的意识和能力,一方面切实维护了自身土地和环境的权益,另一方面也促进了区块出让规划的不断发展和成熟。

随着经济的发展,区块出让规划的社会效益逐渐凸显,油气资源在为当地经济注入活力的同时,也带动了当地教育、医疗、文化和环保等方面的全面协调发展。墨西哥政府将企业投资与经济、社会、环境保护相结合,在油气区块的出让规划中加入企业的社会责任和环境保护义务,使得区块出让与当地社会、经济和环保和谐发展。且随着区块出让工作的进一步开展,预计其所产生的效果会愈加明显。

墨西哥油气区块出让和规划工作不仅是墨西哥经济发展的一种手段,也是墨西哥政府和国有企业改革的一个重要契机,同时更是墨西哥社会和民众参与学习和成长的一个过程。

第4章 北美三国油气区块出让规划环境协同和差异性分析

油气行业是关系国家能源安全、国民经济命脉的重要行业和关键领域,各国政治经济法律体系、所处发展阶段、政府职能设置以及公众参与的差异性决定了其制定油气区块出让规划所考虑的不同因素。

表4.1列出了北美三国油气区块出让规划主要社会环境因素的对比情况。美国作为最典型的资本主义国家和市场经济体,其产业结构多元,各行业高度发达;而加拿大和墨西哥是重要的非欧佩克原油出口国,本国经济发展相对更依赖油气工业。美国和加拿大政府油气区块出让规划工作已开展多年,相关法规体系已高度完善、稳定,历经了市场检验,联邦和州政府按照其所拥有的资源情况有针对性地开展相关规划工作,各部门分工明确,公众积极参与,实施效果明显;墨西哥颁布的《油气法》明确了能源部批准和发布油气区块出让五年计划的相关职责,该国油气工业主要由中央政府管理,能源改革仍处于初期阶段,各部门职能设置仍在不断完善中。

表4.1 北美三国油气区块出让规划社会环境特征对比分析表

类别	环境因素	美国	加拿大	墨西哥
油气区块出让规划社会环境	油气行业在国民经济体系中的地位	经济多元化 油气行业高度发达 规模大	比较依赖油气等资源行业	经济高度依赖油气行业
	规划相关法规体系	高度完善、稳定		法规具有基础、待完善
	政府部门职能分工	联邦与州政府 各部门分工比较明确	省政府主导油气行业发展	油气行业主要由中央政府管理 各部门分工在不断完善中
	政策和政府机构稳定性	比较稳定		油气改革初期待观察

续表

类别	环境因素	美国	加拿大	墨西哥
油气区块出让规划社会环境	公众参与规划的能力与意愿	公众积极参与 普遍具有经验		公众参与程度一般
	执行规划意愿与能力	规划地位受法律保护 执行意愿和能力强	执行意愿强 政府能力强 但有时受公众和原住民影响效率低	执行意愿和能力强

表4.2列出了各国油气区块出让规划的行业环境差异。油气行业环境是油气区块出让规划的客观条件，成功的油气区块出让规划必须建立在本国客观的油气行业环境基础上。各国政府出让的油气区块体现了该国油气资源所有制和勘探开发基础。

表4.2 北美三国油气区块出让规划行业环境特征对比分析表

类别	环境因素	美国	加拿大	墨西哥
油气区块出让规划行业环境	可出让区块基础	主要由联邦政府掌握，储备区块较多	集中于阿尔伯塔省勘探或油砂区块为主 数量庞大	零轮招标 国家石油公司 腾退大量区块
	可出让区块资源品质	多为陆上滚动勘探或深海勘探 资源条件较好	主要是滚动勘探油砂、致密油气 北部探区等 资源条件好	主要为老油田改造 较成熟区勘探 总体资源条件优越 潜力大
	可出让区块来源	联邦和州（省）政府持有的未出让油气矿业权		主要是政府要求国家公司腾退的区块
	油气基础设施情况	总体高度发达、开放		基础设施正在开放
	规划基础资料	大量行业数据开放 政府机构专门负责收集管理信息	大量行业数据开放 建立完善机制管理油气行业数据并开放	大量数据集中于国家石油公司 开放程度低
	油气投资主体	内外资活跃 主体庞大、经验丰富 市场成熟		外资积极、经验丰富 内资多但能力参差不齐

表4.3对比了北美三国油气区块出让规划制定的关键要素。通过对美国、加拿大和墨西哥三国制定油气区块出让规划的调研发现，美国和加拿大作为世界上油气矿业权交易最活跃、监管最完善、对投资者

最有吸引力的国家，非常注重制定中长期能源利用规划，政府油气区块竞争性出让工作已形成一套比较成熟的规划体系，而墨西哥仍处于规划执行的实践过程中。

表 4.3　北美三国油气区块出让规划制定要素对比分析

规划要素	美国	加拿大	墨西哥
油气区块出让相关规划名称	联邦陆上：资源管理规划 联邦海上：近海外大陆架油气租赁五年计划（2017—2022）	阿尔伯塔省：土地利用框架 新斯科舍省：海上油气出让规划	2015—2019 油气勘探开采招标五年计划
法律依据	《联邦土地政策管理法》 《外大陆架土地法》	《阿尔伯塔省土地管理法》 《能源开发责任法案》	《油气法》
规划主管部门	海洋能源管理局 联邦土地管理局 （内政部下设）	省政府土地利用秘书处 能源政策管理办公室 阿尔伯塔能源监管机构 （阿尔伯塔省）	能源部
规划技术支持机构	地质调查局 能源信息署	联邦和各省地质调查机构、Geoscott 等民营油气信息服务和研究机构等	国家油气委员会
规划区块来源	联邦政府 开放公众提名	陆上：省政府 海域：联邦政府 开放公众提名	国家石油公司 退出的区块

表 4.4 对比了北美三国油气区块出让规划特点。美国联邦政府陆上油气区块出让规划主要体现在土地资源管理规划中，统筹规划确保了公有土地利用和资源保护之间的最佳平衡，为政府合理有序组织区块出让活动奠定了基础；美国近海外大陆架的油气资源主要由联邦政府持有，矿业权面积连续、资源丰富且具有重要战略意义，为此联邦政府专门制定了针对海域油气区块出让的《近海外大陆架油气租赁五年计划》，历经规划草案、调整方案以及公布经国会批准的最终方案等多个阶段，充分考量并权衡拟出让的油气区块在开发过程中产生的收益和环境风险等因素，规划制定一般耗时两至三年，是一个科学的庞大系统工程。加拿大政府所持有的油气资源主要集中于省政府，与美国类似，省政府油气资源规划及油气作业区域规划是土地利用框架下区域规划的主要内容，旨在确保资源的可持续开发和环境保护。美国和

加拿大均通过法律明确油气区块出让规划具有高度权威性,例如在美国,总统只有权力撤销拟开放的区块,但包括总统在内的任何官员和机构都没有权力将未列入海域开放五年规划的区块进行对外开放。虽然墨西哥能源改革刚刚起步,但执行力度较大,2014年11月能源部发布第一轮第一期油气区块投标邀请函,截至2017年9月底,已成功举行了两轮共七期的油气区块出让活动,按照《油气法》的要求,2015年墨西哥能源部发布了《2015—2019年油气勘探和开采招标五年计划》并在2017年进行了更新,对于政府推动区块开放发挥了很大作用。

表4.4 北美三国油气区块出让规划特点对比分析

事项	美国	加拿大	墨西哥
规划方式	针对联邦海域直接制定油气区块出让规划;联邦陆上油气区块出让规划是资源管理规划的一部分	从属于土地利用框架	中央政府主持制定
出让方式	拍卖/招标		招标
财税体系	非常稳定、完善		法律中明确四类视区块条件确定
投资主体	陆上投资主体无限制 海上区块限制联合体	陆上投资主体无限制 海上区块要求相关经验	资格审查
地方参与	州政府所得比例 陆上:48% 海上墨西哥湾沿岸四州:37.5% 海上其余沿海各州:27%	主要由省政府负责	地方政府参与较弱
公众意见征询	分阶段的完善征询体系		公众意见征询体系待完善
规划的权威性	十分权威 没有列入规划的区块 不能对外出让	十分权威 不符合区域规划的区块 不能对外出让	本轮能源改革基本按照之前规划区块进行
规划批准权限	海上规划上报国会 等待国会和总统的审批	省内阁	能源部
规划调整与修正	十分完善	相对完善	不具体

第 5 章 北美油气区块出让规划研究对中国的参考建议

自 2011 年以来，自然资源部在我国油气资源勘查开发制度改革，特别是油气区块矿业权竞争性出让等方面，进行了积极探索并已取得阶段性进展和成果。结合对北美三国政府油气区块出让规划的系统分析以及我国油气区块竞争性出让客观环境因素研究和改革实践，本章从规划原则、规划核心内容、规划的组织和保障措施四个方面，对我国制定油气区块出让规划提出如下参考建议。

5.1 规划原则

制定区块出让规划是做好我国油气区块矿业权出让工作的基础，是加快油气资源勘查开采体制改革的必经之路，明确规划原则是保障规划方向的合理性、操作的可行性和实现规划预期的重要因素。

（1）推动区块有序规范出让、实现社会收益最大化是规划的根本目的。

我国油气资源总量丰富，资源探明率低，具有较大勘探开发潜力，但总体待发现油气资源勘探开发难度大，投资需求大，应在考虑对自然环境影响的同时，有序规范地推动油气资源利用，为国民经济发展做出贡献，以实现最大的综合社会收益为规划的根本目的。通过制定油气区块出让规划，从国家层面统筹油气资源利用，充分研究对环境、其他资源开发的影响，优化出让区块来源，做好资源接替，完善出让方式和财税体系，为区块出让工作提供方向性指导，为企业参与投资提供先导性信息，对综合出让社会价值进行预测，成为区块出让与否的决策依据。

（2）建立与资源品质和社会行业环境配套的出让体系是规划成功的关键。

目前我国油气区块出让规划面临开放区块资源禀赋相对不高、区块出让参与者相对较少的现实，在此基础上建立配套的出让财税和管理体系，例如通过资源税减免、所得税优惠、额外投资鼓励、开放外资准入等措施，提高我国油气区块出让的全球竞争力，从而制定与区块资源现状、社会行业环境相匹配的油气区块出让规划。

（3）高度重视规划编制的前期调查，建立严谨、动态的规划流程。

在制定联邦陆上《资源管理规划》和海上《近海外大陆架油气租赁五年计划》的过程中，美国结合资源现状、市场环境以及能源消费市场等对区块内资源进行合理分析、排序，综合各方意见，规划的前期调查和制定一般历时2年左右，对每一个拟出让区块均进行了考虑环境影响和出让社会收益的综合出让社会价值预测，并建立了非常系统的配套规划实施监测和调整机制，例如部署环境影响监测点，根据油气价格变化调整出让规划等，从而使整个规划具有很强的实用性。我国油气区块出让规划制定时应充分利用现有各种资料，必要时采集新的资料，组织各种专题研究以尽可能充分调查区块的资源潜力、勘探开发对社会和环境的影响等，并建立区块规划的跟踪监测和调整机制，这是整个出让规划工作的基础和工作量最大的部分。

（4）明确规划权威性、保障规划实施。

油气区块出让规划作为矿业权出让的基础工作，应通过相关法规明确其权威地位，保障后续出让工作能够按照规划的指导高效开展，增强履行规划的严肃性。美国的《联邦土地政策管理法》和《外大陆架土地法》规定，只有在资源管理规划或油气租赁五年计划内的油气区块才能被组织竞争性出让，对于没有被列入相应规划的区块，即使是总统签署相关政令要求扩大开放区域，也必须重新执行一套完整的规划设计程序,充分维护了规划的权威性,保障规划的实施,降低了其他干扰因素的影响。

(5)公开与透明。

美国、加拿大和墨西哥制定的油气区块出让规划均经政府批准后对外发布,但在规划编制过程中也广泛公开征求各方面意见。规划制定过程以及内容的公开与透明有利于充分征求公众包括个人和企业等对于规划的意见和建议,充分保障公众对规划的知情权和参与权,调动企业和公众的投资热情,完善社会监督,保障规划后续工作的顺利实施。此外,规划的公开也十分有利于企业为投资出让区块提前做好自身在资金、技术、人员等方面的准备,因此公开与透明的原则是保障规划顺利实施的重要因素。在坚持公开与透明原则的同时,保留国家油气资源主管部门可以撤销拟出让区块等相关权力,以保障国家对整个出让过程的必要控制权。

5.2 规划核心内容

北美三国政府制定的油气区块出让相关规划均内容详实,制定时间较长,特别是美国海洋能源管理局针对联邦海上油气区块制定的《近海外大陆架油气租赁五年计划》,系统阐述了规划制定的法律框架、出让历史、区块筛选、影响因素分析、部门和地方政府利益协调等内容。结合我国实际情况,建议规划应在区块来源、出让程序、资格准入以及配套财税体系等方面系统筹划,体现规划的系统性和条理性,成为出让工作开展的有力依据,规划核心内容建议包括以下几点。

(1)可出让区块来源、区块潜力和区块社会价值评估。

区块来源是出让规划的基础。应合理划定区块,保障矿业权合理布局,并在现有油气矿业权面积退还和勘探新区规划的基础上系统规划拟出让区块来源。区块的划分与勘探开发资源潜力息息相关。对区块资源潜力与经济性的科学评估是设计出让程序、预测出让收益和工作量合理范围、评估后续勘探开发活动对环境影响的核心条件，应评估考虑环境影响因素后的区块出让社会综合收益。

（2）行业投资环境研究，识别和规划出让区块潜在投资群体。

国际油气上游勘探开发投资主体早已多元化，投资者可以在全球产油国范围内筛选项目。油气区块出让规划作为我国油气矿业权出让工作的重要指导，应充分考虑潜在投资者的利益诉求，帮助其提高对区块的地质认识，鼓励勘查投入，国家应在规划层面释放积极信号，吸引有实力的投资主体，调动有勘探开发经验、具有资金实力的企业参与我国区块出让。此外，也建议创造合理财税环境降低投资者在随后的勘探开发活动中的投资风险，实现国家、企业的双赢。总之，充分的行业市场调研和投资环境分析有助于正确识别出让区块的潜在投资者，从而为出让方式、资格准入、财税条款设计等提供更科学的依据，增强我国油气出让区块的全球竞争力。

（3）明确规划制定及出让组织的流程、内容等。

明确规划的制定流程、内容以及审批程序，使规划的编制有章可循，提高工作效率，保障编制规范性、合理性和科学性。规划中明确区块出让程序、出让时间表以及资格准入、评标原则等有关随后出让工作开展的具体内容，这样有利于出让组织部门做好充分准备，统筹规划油气资源利用空间布局和时序安排，促进资源勘查开发有序进行，可持续发展。同时，明确的出让系统规划也十分有利于投资者提前规划，做好公司注册、筹集资金、积累经验和人员，甚至提前研究具体区块等方面的准备。

（4）规划出让区块的配套财税体系与后续经营监管体系。

中央政府、地方政府与投资者利益的划分是通过财税体系实现的，因此建立勘探、开发、生产直至油气田废弃阶段的责任与利益划分体系，明确储量审批、开发方案要求等对于吸引投资者而言十分重要，有效避免后续出让过程中的利益冲突，为地方政府和投资者衡量自身利益和潜在风险提供基础，这也是我国完善油气上游投资环境的重要内容。

（5）评估对环境的累积性影响，提出持续监测机制并实现与国土利用规划协同。

评估出让区块油气资源的勘探开发活动对自然环境例如对当地的地下水、空气、文物、民众生活的影响，提出必要的钻井密度、固井、钻井液、石油作业废水处理等限制条件，并持续跟踪监测在规划实施过程中环境的变化是保障规划成功的重要环节。此外，油气资源的勘探开发也需要同对应地区其他国土利用项目统筹规划，评估所有活动对环境的累积影响才能科学评估环境的综合承载力，保障我国土地资源利用的可持续发展。

5.3 组织管理

区块出让规划是一项十分庞大的系统工程，工作量大，难度大，参照北美三国的经验，有关规划的组织建议如下。

（1）明确单位分工。

规划是出让工作的基础，应充分体现我国已完成的油气区块竞争出让的成功经验，建议明确部委、地方政府及其他相关单位的分工与协作关系，明确各自工作范围，保障规划编制的顺利组织。

（2）建立地方政府参与体系、明确与地方利益分配。

由于我国油气区块出让规划工作处于酝酿阶段，要建立全国规范统一的区块出让规划管理系统，地方政府可在资料收集、评估对当地环保及民众影响等方面提供协助，规范地方税收、项目持股等利益分配方式，明确和规范投资者在地方教育、医疗、就业等方面的责任，调动地方积极性，同时防范地方保护，防范地方对投资者征收各种不合理费用，以实现吸引最有实力、报价最合理的投资者，这是提高我国油气区块出让吸引力的重要一环。

（3）建立多方位的公众意见征询体系、培养公众参与意识和能力。

在规划制定过程中，建议通过研讨会、论坛、听证会、网上平台等多种方式征询公众、非政府组织和企业的意见和建议，收集规划相关信息，同时通过编制宣传材料、提供专题培训、组织民众到油气企业和油气田现场考察，增强民众对油气业务和规划的参与意识和能力，引导成立合法的民众代表性组织参与规划制定等。

（4）加强规划宣传、激发投资者积极性。

在发布我国油气区块出让规划后，可在油气投资者相对集中的城市加大宣传力度，既体现了对我国资源勘探开发潜力的信心，激发投资者热情，也可以在此过程中与潜在投资者充分交流，征求投资者的意见和建议并完善规划。此外也可通过我国与其他资源国政府建立规划沟通体系，相互建立彼此企业投资优惠措施，借助其他国家政府部门推动该国企业在我国油气对外开放后投资油气区块。

5.4　规划制定和实施相关保障措施

规划的制定和实施需要有系统的制度和支撑保障体系，具体建议如下。

（1）建立资料收集、资料开放和规划编制的技术支持体系。

建立开放的资料收集、流转和共享体系有利于规划制定单位获得丰富、高质量的基础资料，并帮助投资者提高对出让区块的认识，保证信息对称，也为编制出让区块资料包提供基础。

（2）完善法律体系和政策支持，保障区块出让规划制度的稳定性和规划的权威性。

建议加快相关法律法规体系建设，为油气区块出让规划提供直接的法律以及规范性文件依据。通过法律体系保障区块出让制度的稳定性和规划的权威性，例如美国和加拿大规定，没有列入已经批准的长期规划的区块不得进行出让。

（3）探讨综合地质研究、多用户地震等多种形式的矿业权出让前准备工作，夯实规划基础。

为科学、合理地制定我国油气区块出让规划，政府可组织业内有实力的公司、研究机构针对特定盆地或地区开展油气区块综合地质研究、多用户地震，这样既有利于完善出让规划基础资料以及吸引企业参与出让区块出让活动，也更加丰富了出让区块的资料包内容。

（4）建立规划调整的有效机制。

油气区块出让规划的制定部门应及时根据市场环境、技术进步、更新的地质认识、自然环境变化等信息及时调整并完善规划，保障规划的科学性。

参考文献

[1] BP. BP 世界能源统计年鉴.（2017 版）[EB/OL]. [2017-09-02].http://www.bp.com/content/dam/bp/pdf/energy-economics/statistical-review-2017/bp-statistical-review-of-world-energy-2016-full-report.pdf.

[2] U.S. Energy Information Administration. Drilling Productivity Report [EB/OL] . [2017-05-02]. https://www.eia.gov/petroleum/drilling/#tabs-summary-2.

[3] U.S. Energy Information Administration. U.S. Crude Oil and Natural Gas Proved Reserves [EB/OL]. [2017-05-02].http://www.eia.gov/naturalgas/crudeoilreserves.

[4] Congressional Research Service. Federal Land Ownership: Overview and Data. [EB/OL] . [2017-05-02].https://fas.org/sgp/crs/misc/R42346.pdf .

[5] Bureau of Land Management. Oil and Gas Statistics-Table1 [EB/OL] .[2017-05-04].https://www.blm.gov/programs/energy-and-minerals/oil-and-gas/oil-and-gas-statistics.

[6] Bureau of Land Management. Oil and Gas Statistics-Table2 [EB/OL] . [2017-05-23].https://www.blm.gov/programs/energy-and-minerals/oil-and-gas/oil-and-gas-statistics.

[7] Bureau of Ocean Energy Management. Combined Leasing Status Report-January 2017 Report [EB/OL] . [2017-05-04].https://www.boem.gov/Combined-Leasing-Status-Report-January-2017.

[8] Bureau of Land Management. Oil and Gas Statistics-Table6 [EB/OL] . [2017-05-23].https://www.blm.gov/programs/energy-and-minerals/oil-and-gas/oil-and-gas-statistics.

[9] Congressional Research Service. U.S. Crude Oil and Natural Gas Production in Federal and Nonfederal Areas [EB/OL] . [2017-05-02].https://fas.org/sgp/crs/misc/R42432.pdf .

[10] Bureau of Land Management. Planning and NEPA [EB/OL] . [2017-05-26].https://www.blm.gov/programs/planning-and-nepa/public-participation.

[11] Bureau of Ocean Energy Management. Five-Year Outer Continental Shelf（OCS）Oil and Gas Leasing Program [EB/OL] . [2017-05-27] .https://www.boem.gov/Five-Year-Program.

[12] Bureau of Ocean Energy Management.2017-2022 Proposed Final Program Frequently Asked

Questions – General [EB/OL]. [2017-05-31]. https://www.boem.gov/2017-2022-Proposed-Final-Program-FAQs.

[13] Your Voice in Federal Decision-Making. Request for Information and Comments on the Preparation of the 2019—2024 National Outer Continental Shelf Oil and Gas Leasing Program [EB/OL]. [2017-8-22].https://www.regulations.gov/docketBrowser?rpp=25&so=DESC&sb=commentDueDate&po=0&dct=PS&D=BOEM-2014-0059.

[14] Bureau of Land Management. ePlanning Project Search.https://eplanning.blm.gov/epl-front-office/eplanning/lup/lup_register.do

[15] Bureau of Land Management. ePlanning Project DOI-BLM-CO-N050-2017-0035-EA (2017 Oil and Gas Lease Reinstatements https://eplanning.blm.gov/epl-front-office/eplanning/projectSummary.do?methodName=renderDefaultProjectSummary&projectId=71425

[16] Bureau of Ocean Energy Management. Request for Information and Comments on the Preparation of the 2017-2022 National Outer Continental Shelf Oil and Gas Leasing Program [EB/OL]. [2017-08-22].https://www.boem.gov/79-FR-34349.

[17] Bureau of Ocean Energy Management. Request for Information and Comments on the Preparation of the 2019-2024 National Outer Continental Shelf Oil and Gas Leasing Program MAA104000 [EB/OL]. [2017-08-22].https://www.boem.gov/82-FR-30886/.

[18] Bureau of Ocean Energy Management. Gulf of Mexico Energy Security Act (GOMESA) [EB/OL] . [2017-09-22].https://www.boem.gov/Revenue-Sharing.

[19] Office of Natural Resources Revenue [EB/OL]. Reported Revenues by Category of the Statistical Information [DB/OL] . [2017-09-22].https://statistics.onrr.gov/ReportTool.aspx.

[20] Canadian Centre for Energy Information: Evolution of Canada's oil and gas industry, ISBN 1-894348-16-8, Robert D. Bott.

[21] U.S. Energy Information Administration: CANADA [EB/OL]. https://www.eia.gov/beta/international/analysis_includes/countries_long/Canada/canada.pdf

[22] CAPP 网站数据 http://www.capp.ca/canadian-oil-and-natural-gas/oil-sands [EB/OL].

[23] 阿尔伯塔能源部 .[EB/OL].http://www.energy.alberta.ca/OurBusiness/Gas.asp.

[24] 阿尔伯塔能源部 .[EB/OL].http://www.energy.alberta.ca/OilSands/791.asp.

[25] U.S. Energy Information Administration: World Shale Resource Assessments [EB/OL]. http://www.eia.gov/analysis/studies/worldshalegas/.

[26] U.S. Energy Information Administration: Technically Recoverable Shale Oil and Shale Gas Resources: Canada [EB/OL].http://www.eia.gov/analysis/studies/worldshalegas/pdf/Canada_2013.pdf.

[27] CAPP report：2017 CAPP Crude Oil Forecast，Markets & Transportation [EB/OL].http://www.capp.ca/publications-and-statistics/publications/303440.

[28] CAPP: Statistical Handbook for Canada's Upstream Petroleum Industry[EB/OL]. http://www.capp.ca/publications-and-statistics/statistics/statistical-handbook．

[29] Canadian LNG Projects. [EB/OL]. https://www.nrcan.gc.ca/energy/natural-gas/5683.

[30] Canada's Pipeline Transportation System 2016. [EB/OL]. http://www.neb-one.gc.ca/nrg/ntgrtd/trnsprttn/2016 /index-eng.html.

[31] AER. 2015 年年报 [EB/OL].http://www1.aer.ca/AnnualReport/.

[32] 新斯科舍省 .2017-2019 年公开出让规划区块分布图．http://www.cnsopb.ns.ca/sites/default/files/pdfs/2017-2019_call_for_bids_forecast_areas.pdf.

[33] Boe report 数据：http://boereport.com/westerncanadiansedimentary-basin/#wellMap [EB/OL]

[34] Hydraulic Fracturing in Alberta Facts and Stats，http://www.fracfocus.ca/ [EB/OL].

[35] 加拿大自然资源部网站 https://www.nrcan.gc.ca/home [EB/OL].

[36] 加拿大国家能源委员会网站 http://www.neb-one.gc.ca/ [EB/OL].

[37] Integrated Resource Management System，http://www.energy.alberta.ca/About_Us/4225.asp [EB/OL].

[38] 敖晓文，冯连勇，唐旭．加拿大阿尔伯塔省油气监管最新变革 [J]. 中国矿业，2016.

[39] Energy Resources Conservation Board 报告：75 years of Alberta_Energy Regulation，Gordon Jaremko，[M].

[40] Planning and Decision-making on Private and Public Lands，https://landuse.alberta.ca/Governance/Private Public Lands/Pages/default.aspx [EB/OL].

[41] Lower Athabasca Regional Plan 2012 – 2022[EB/OL]. https://landuse.alberta.ca/ Regional

Plans/Lower Athabasca Region/Pages/default.aspx.

[42] Making and Amending Regional Plans[EB/OL]. https://landuse.alberta.ca/Governance / Making Amending Regional Plans/Pages/default.aspx.

[43] A two-year schedule for each posting request acceptance period[EB/OL]. http://www.energy.gov.ab.ca/ Tenure/pdfs/ SalesSchedule.pdf.

[44] 2018 Public Offerings Schedule, [EB/OL]. http://publications.gov.sk.ca/documents/310/100172-2018%20DATES.pdf.

[45] 2017-2018 Petroleum and Natural Gas Dates [EB/OL].http://www2.gov.bc.ca/assets/gov/farming-natural-resources-and-industry/natural-gas-oil/png-crown-sale/information-letters/udd1704_2017-2018saledates.pdf.

[46] Land Nominations[EB/OL]. http://www.cnsopb.ns.ca/lands-management/land-nominations.

[47] Guidelines on the Issuance of Exploration Licenses [EB/OL]. http://www.cnsopb.ns.ca/pdfs/issuance.pdf.

[48] Budget 2016 and Energy Business Plans [EB/OL]. http://www.energy.alberta.ca/About_Us/1000.asp.

[49] Land-use Framework, https://landuse.alberta.ca/PLANFORALBERTA/LANDUSEFRAMEWORK/Pages /default.aspx .

[50] Lower Athabasca Regional Plan Consultation[EB/OL]. https://landuse.alberta.ca/RegionalPlans/LowerAthabasca Region/ LARPConsultation/Pages/default.aspx.

[51] EIA. Country profile: Mexico [R]. 2016.

[52] BROWN M. Analysis of Mexico's new hydrocarbons legal regime[R]. Legalupdate, 2014.

[53] CNH website: https://www.gob.mx/cnh/Default_i.aspx.

[54] CNH (2015), "Reporte de Indicadores de Explotacion", Al 31 de Enero de 2015.

[55] Fox News (2015), "Low oil prices have Mexico considering a delay in the bidding of some exploration contracts" January 15.

[56] CNH (2016), "BASES DE LICITACIÓN PARA LA ADJUDICACIÓN DE CONTRATOS DE PRODUCCIÓN COMPARTIDA PARA LA EXPLORACIÓN Y EXTRACCIÓN DE HIDROCARBUROS

EN AGUAS SOMERAS – PRIMERA CONVOCATORIA", Al 31 de Enero de 2016.

[57] CNH（2017）, "CONTRATO PARA LA EXPLORACIÓN Y EXTRACCIÓN DE HIDROCARBUROS EN AGUAS PROFUNDAS BAJO LA MODALIDAD DE LICENCIA ENTRE COMISIÓN NACIONAL DE HIDROCARBUROS", Al 20 de JUN de 2017.

[58] SENER, Plan Quinquenal de Licitaciones para la Exploración y Extracción de Hidrocarburos 2015–2019, 2015.

[59] SENER, Plan Quinquenal de Licitaciones para la Exploración y Extracción de Hidrocarburos 2015–2019 Evaluación 2016 y Nueva Estrategia 2017, 2017.

[60] PEMEX（2015）, "Mexico's Energy Reform & PEMEX as a State Productive Enterprise" January.

[61] 田世存, 张国庆, 孙东方, 等. 墨西哥油气资源概况及第一轮油气招标简介. 国际石油经济 [J], 2014, 12: 28-35.

[62] SENER website: https://www.gob.mx/sener.

[63] SENER（2014a）, "Prospectiva de Gas Natural y Gas L.P. 2014–2028," December.

[64] SENER（2014c）, "Resultado de la Ronda Cero," August 13.

[65] Mexico public participation official website: Gob.mx/participa.

[66] International Best Practices for Transparency in Contract Management.

[67] 山西省人民政府办公厅关于印发山西省煤层气资源勘查开发规划（2016—2020年）的通知.

[68] 曾兴球. 从墨西哥特色看能源改革 [N]. 中国能源报, 2014.

[69] 朱颖超, 郭瑶. 墨西哥油气：改革潮动下的机遇 [J]. 国际石油经济, 2016：69-81.

[70] Wood Mackenzie. Mexico upstream summary [R]. Country report, 2016.

[71] Hydrocarbons Undersecretary Energy Ministry. Mexico's New Energy Model: Round One and Beyond, 2014.

[72] Wood Mackenzie. Mexico upstream summary [R]. Country report, 2016.